走近圣贤丛书

丛书总主编 舒大刚

走近

周公

礼乐文化 周公开创

恢复周礼 孔子梦想

辜堪生 李学林 徐晓菁 著

山东城市出版传媒集团·济南出版社

图书在版编目（CIP）数据

走近周公 / 辜堪生，李学林，徐晓菁著. -- 济南：
济南出版社，2020.1（2023.1重印）
（走近圣贤 / 舒大刚主编）
ISBN 978-7-5488-4076-3

Ⅰ.①走… Ⅱ.①辜… ②李… ③徐… Ⅲ.①周公—
生平事迹 Ⅳ.①K827=24

中国版本图书馆CIP数据核字（2020）第024226号

出 版 人	崔　　刚
丛书策划	冀瑞雪
责任编辑	孙育臣
封面设计	李海峰

出版发行	济南出版社
地　　址	山东省济南市二环南路1号（250002）
编辑热线	0531－86131747（编辑室）
发行热线	82709072　86131701　86131729　82924885（发行部）
印　　刷	山东潍坊新华印务有限责任公司
版　　次	2020 年 4 月第 1 版
印　　次	2023 年 1 月第 2 次印刷
成品尺寸	150mm×230mm　16开
印　　张	9.5
字　　数	130千
印　　数	5001—9000册
定　　价	37.00元

（济南版图书，如有印装错误，请与出版社联系调换。联系电话：0531-86131736）

总　序

这是一个需要圣人而且产生了圣人的时代。

在公元前800年—公元前200年,在地球北纬20°和北纬40°之间的地域,世界上一批思想巨星和艺术宗匠闪亮登场,他们的思想和学说照亮了历史的天空,开启了人类的智慧,并一直温暖着人们的心灵。

那是一个群雄纷争、诸邦并列的时代:在古代欧洲,是希腊、罗马各自为政的城邦制时代;在南亚次大陆,是小国林立、诸邦互斗的局面;在古代中国,则是从"溥天之下,莫非王土"的西周王朝,转入了诸侯争霸、七雄战乱的"春秋战国"时代。那时天下大乱,战火连绵,强凌弱,众暴寡,争地以战杀人盈野,争城以战杀人盈城,百姓生活在被侵袭、蹂躏和面临死亡的威胁之中。如何才能恢复社会秩序,实现社会安定? 什么才是理想的治国安邦良策? 芸芸众生的意义何在? 人类前途的命运何在? 正是出于对这些现实问题的思考,一批批先知先觉诞生了,一服服治世良方出现了。人类历史也由此进入了智慧大爆发、思想大解放的"诸子并起,百家争鸣"时代!

在古波斯,琐罗亚斯德(前628—前551)出现了;在古希腊,苏格拉底(前469—前399)、柏拉图(前427—前347)出现了;在以色列,犹太教先知们出现了;在古印度,佛陀释迦牟尼(约前565—前485)诞生了;在中国,则有管子(约前723—前645)、老子(约前571—前471)、孔子(前551—前479)、孙子(约前545—约前470)、墨子(约前475—前395)等一大批精神导师、圣人贤人横空出世! 德国哲学家雅斯贝尔斯在 1949 年出版的《历史的起源与目标》中,将这一时期定义为"轴心时代",并认为,"轴心时代"思想家们提出的思想原则,塑造了不同的文化传统,也一直影响着人类未来的生活。在希腊、以色列、中国和印度的古代文化都发生了"终极关怀的觉醒",智者们开始用理智的方法、道德的方式来面对这个世界,同时也产生了宗教和哲学,从而形成了不同类型的智慧,逐渐形成了"中国文化圈""佛教和印度教文化圈""希腊—罗马和犹太—基督教文化圈",决定了今天西方、印度、中国、伊斯兰不同的文化形态。这些文化圈内人们的思想因为有了"轴心时代"思想家的智慧火花,才一次又一次地被点燃,这些文化也才一代又一代地得以传承和发展。

相反,由于没有"轴心时代"先知先觉思想的恩惠,一些古老文明也就无缘实现自己的超越与突破,如古巴比伦文化、古埃及文化、古玛雅文化,它们虽然都曾经规模宏大、雄极一时,但最终都被历史的岁月无情地演变成文化的化石。

中华民族以其悠久的历史和灿烂的文化屹立于世界民族之林,中华文化历经数千年而不衰竭,今日更以雄姿英发之势,傲视寰宇。它不仅是"世界四大古文明"(古埃及、古巴比伦、古印度和中国)中唯一迄今仍然巍然独立、生生不息的一个,也是上述四大文化圈中传承序列最明晰、文化形态最温和、可持续性最强的一种文化。

浩浩龙脉,泱泱华夏,何以能创造如此文明奇迹?中国"轴心时代"期间的"诸子百家"、圣人贤人所做的绝妙思考和留下的精神财富,无疑就是历代中国人获取治国安邦之术的智慧源泉。在这一群圣人贤人之中,有德有位、立言立功、多才多艺的周公(姓姬,名旦)无疑是东方智慧大开启的奠基者。历五百年,随着王室东迁、文献流播,而有管子、老子、孔子、孙子者出。管子是用知识和理想治理社会和国家而获得成功的第一人,是后世儒与法、道与名诸多原理的蕴蓄者。老子曾为周守藏室史,主柱下方书,善观历史,洞晓盛衰,得万事无常之真谛，故倡言不争无为，而为道家鼻祖。孙子虽言兵，然而崇仁尚智，以兵去兵，而为兵家之神圣。同时，有孔子者出，远法尧舜之美，近述周公之礼，删六艺以成"六经"，开学官以授弟子，于是乎礼及庶人，学术下移，弟子三千，达徒七十有二，口诵"六经"，身行孝敬，法礼乐，倡仁义之儒家学派因而诞生！

自是之后，民智大开，学术鼎盛，家有智慧，人有热忱，皆各引一端，各树一帜，于是崇俭兼爱的墨家（以墨翟、禽滑釐为代表），明法善断的法家（以申不害、商鞅、韩非为代表），循名责实的名家（以邓析、公孙龙为代表），务耕力织的农家（以许行、陈相为代表），清虚自守的道家（以文子、庄子为代表），象天制历的阴阳家（以子韦、邹奭、邹衍为代表），以及博采众长的杂家（以尸佼、吕不韦为代表），纵横捭阖的纵横家（以鬼谷子、苏秦、张仪为代表），纷纷出焉，蔚为人类思想史上之大观！

诸家虽然持说不同、观点互异，但其救世务急之心则一。善于汲取各家智慧，品读各家妙论，折中去取，必收相反相成、取长补短之效。《诗》曰："我思古人，实获我心！"生今之世，学古之人，非徒抒吊古之幽情、发今昔巨变之慨叹而已，亦犹有返本开新、鉴古知今之效云尔！

是为序！

目 录

前　言

　　周公是中国文化史上极为重要的人物,谈中国传统的礼乐文化,谈人文化成,都离不开周公。更重要的是,周公对于中国传统文化价值体系的形成和发展,有着独特的贡献。

　　周公姓姬名旦,是周文王之子,周武王之弟,周成王的叔父。他一生辅助武王和成王父子,在政治上大有作为,在文化上大有开拓。据《史记》记载,“及武王即位,旦常辅翼武王,用事居多”。武王东征,“周公辅行”;武王伐纣,“周公佐武王”;武王“封周公旦于少昊之虚曲阜(是为鲁公)”,而“周公不就封,留佐武王”。武王去世后,周公唯恐天下叛乱,而“践阼代成王摄行政当国”。这就是历史上著名的“周公辅成”。周公摄政之初,流言四起,诋毁周公,蛊惑成王。但周公不惧流言,坦荡行事,并奉成王之命平定了管叔、蔡叔、霍叔发动的“三监之乱”,以及武庚之乱,最终使得“诸侯咸服宗周”。待成王成人,“周公乃还政于成王,成王临朝”。按照司马迁的说法是:周公“及七年后,还政成王”,恭恭敬敬地“北面就臣位”。为了防止成王治理天下出现弊端,周公讲述殷周治乱兴亡的历史经验和教训,“以诫成王”。在成王当政,天下已安后,针对“周之官政未次序”的状况,“周公作《周官》,官别其宜”。虽然《周官》(《周礼》)是否周公所作,人们有不同的看法,但司马迁将其当作周公的作品,至少可以看出太史公充分肯定周公在政治文化、制度文化建设方面的贡献。而周公的这种贡献,又是通过对成王的辅助而实现的。通过周公辅佐武王、成王父子的事迹,可以看出,周公是中国传统文化中忠义之士的代表,是贤人政治的典范,是忠臣贤相的楷模。周公通过政治实践,为中国传统政治文化中的圣贤传统做了开创性的贡献。唐代白居易的《放言》诗中说:"周公恐惧流言日,王莽谦恭未篡时。向使当初身便死,一生真伪复谁知?"韩愈在创建他的道统论时,将周公与尧、舜、禹、汤、文、武并提,应当是有道理的。圣贤气象、圣贤文化,是周公在理论和实践上对中国文化的贡献之一。

周公对于中国文化的另一重要贡献,是制礼作乐,亦即开创了礼乐文化的先河。《礼记·明堂位》称:"武王崩,成王幼弱,周公践天子之位以治天下,六年朝诸侯于明堂,制礼作乐,颁度量而天下大服。"《礼记·文王世子》则称:"周公相,践阼而治。"《尚书·洛诰》记载,成王曾当面称赞周公尊奉天命,厚待宗族,礼遇诸侯,按照礼节大祀文王,虽然祭祀的形式和内容都很繁杂,但周公并没有出现差错。《诗经·周颂·昊天有成命》主要是称颂成王的美德,赞美成王继承了文王、武王的事业,成就了新的大业。按照汉初思想家贾谊的说法,"文王有大德而功未就,武王有大功而治未成"(《新书·礼容语下》),到了成王,"布文陈纪,经制度,设牺牲,使四海之内懿然葆德,各遵其道,故曰'有成'"(《新书·礼容语下》)。而成王之所以能够成就这番大业,是和礼乐制度的创设密切相关的。《尚书大传》就曾明确指出:"改正朔,立宗庙,序祭祀,易牺牲,制礼作乐,一统天下。"毫无疑问,这套成王实行的以制度文化为核心的礼乐文化,是周公创制的成果。《吕氏春秋》就明确指出:"文王造之而未遂,武王遂之而未成,周公旦抱少主而成之。"作为中国传统礼乐文化经典的《周礼》《仪礼》,两书是否周公个人所作并不重要,关键在于这两部经典的基本内容和价值取向,是周代礼乐文明昌盛的重要精神源头,而周公则是周代礼乐制度的主要创建者。即使是质疑周公与《周礼》《仪礼》关系的人,也很难否定周公制礼作乐的历史贡献。其实,从广义上看,西周在经济上的井田制度,在政治上的宗法制度,在文化上的礼乐制度,都是周公制礼作乐的一部分,正是这些内容,构成了周公创制的周代以至影响后世的礼乐文化的主体。孔子所要从的"周",所要复的"礼",就是周公所代表的价值取向的"周",是周公所制定的礼乐文化之"礼"。从秦汉统一以后直到清末,中国人所自豪的礼义之邦,所崇尚的礼乐文化,都与周公特别是他制礼作乐的事业有密切联系。

周公对于中国文化的另一重要贡献,是确立和光大德观念,特别是确立仁德政治。根据《史记》记载,周公"为子孝,笃仁"。孝、仁当然是美德,而周公辅佐武王、成王父子成就大业,特别是辅助成王而自觉地秉持"臣"位意识,其昭显的显然是道德理性,是对德观念的弘扬和践行。其实,"周公辅成"之所以在历史上受到广泛重视和称誉,根本原因在于里面所蕴含的道德意识和道德价值。为了防止成王成人并执掌大权后"治有所淫逸",周公通过殷周治乱的历史事实,劝诫成王要勤政畏天,"率祀明德",反对骄奢。周公还通过对殷亡教训的总结,明确阐述了"以德配天"的思想,提出要敬德、明德、慎罚,只有敬德,才能"祈天永命"。同时,还要简政近民,认为"政不简不易,民不有近;平易近民,民必归之"(《史记·鲁周公世家》)。此外,还要通过教育灌输,使老百姓永远"怀德",促使社会和谐统一。从总体上说,周公在德方面的贡献,一是以孝、仁为核心的个人修养的培育,二是对仁德政治的实践和阐释。可以说,中国古代仁德政治的思想源头和具体实践始于周公。

周公对于中国文化的又一重要贡献,是对天命思想的创造性诠释和发展。殷人有着一以贯之的天神崇拜传统,周人继承了这个传统,但在继承的同时,又更新或者说是重铸了这个传统,亦即把德观念引入了天神崇拜系统,创造了以德配天的新的解释理论。而这个工作的主要完成者,就是周公。《尚书》《史记》的多处内容表明,周公把天命转移与否,与德的有无直接联系起来。殷革夏命,周革殷命,都是出于天命。而天命是主张爱民、敬德、修德、勤政的，反对残民、淫逸、骄奢、暴政，因此，天命转移的价值依据，就在于统治者德的有无，从而解释了王朝更迭的合法性依据问题，并赋予天以道德理性为中心的价值理性品格。所谓"天视自我民视，天听自我民听"的新的天命观念，尽管是通过武王伐纣誓师时从武王的口讲出来的，但毫无疑问，这种价值理念是和周公对天命思想的创造性理解和诠释密切相关的。后世儒家"天道神圣"的观念，传统文化中天人合一思想对于天内涵的理解和敬畏（汉代董仲舒就说过："天人之际，甚可畏也。"），应当是与周公对天命思想的创造性诠释分不开的。

周公对于中国文化的又一贡献，是对于传统的尊重，这对中国传统文化中崇尚传统的传统的形成起了重要作用，这具体而又集中地表现为对圣王和先王之道的崇奉。正如前述，《史记》记载，武王去世后，"周公恐天下闻武王崩而畔"，故"代成王摄行政当国"，管叔之流散布流言，说周公将不利于成王，周公于是对太公和召公表明心迹："我之所以弗辟而摄行政者，恐天下畔周，无以告我先王太王、王季、文王。"太王、王季、文王这些人物，是周公崇奉并经常作为圣君典范而提到的；先王、孝等是周公经常使用并十分重视的概念。在告诫康叔如何治理殷民的时候，周公说，"先王既勤用民德"，"皇天既付中国民越厥疆土于先王，肆王惟德用，和怿先后迷民，用怿先王受命"（《尚书·梓材》）。先王成了受命之君的代称，成了仁德政治的楷模。周公甚至要求康王学习、借鉴已经被周王朝灭掉的商朝的圣明君王的治理经验，发扬其优良的文化成分，"往敷求于殷先哲王，用保乂民"（《尚书·康诰》），可见其对于传统资源的重视。在据传为周公所作的《诗经·文王》篇里，一方面阐述后王应当以殷为鉴，效法文王（后世君王的先王）；一方面反复咏叹、强调"周虽旧邦，其命惟新"，都深刻反映了其尊重传统的思想。当然，《诗经·大雅·文王》未必就是周公本人的作品，但作为当时社会上层人物的作品，其思想和周公的相关思想一致，应当是没有问题的。

综上可见,周公为中国传统文化的发展做出了巨大贡献。因此,周公值得学术界认真研究。

"周虽旧邦,其命惟新。"今天,我们国家正在现代化道路上前进,让我们"阐旧邦以辅新命",为弘扬中国传统文化的优秀成果,为中国文化的现代化而努力。

李宗桂

汉唐书局

第一章　周公的时代
——"小邦周"灭"大邑商"

一、周公与周族的兴起

周族是与夏、商同样古老的部落,不过这个部落位于偏僻的西部,即今黄土高原渭水流域一带。相传这一带有一条河名为姬水,该部落因此而得姬姓。

在周人的传说中,其始祖叫后稷,在夏王朝担任主管农业的官职。后稷名弃,为有邰(tái)姜嫄所生。姬、姜为两个互相通婚的相邻部落集团。姜姓部落盘踞在邰地,即今陕西省武功县境内,周人始祖弃的生母姜嫄是这个母系氏族部落的女酋长。

先秦史诗《诗经》记载了关于后稷诞生的神话传说。姜嫄向上帝求子,于是履其足迹感孕而生后稷。后稷出生以后,显了种种神迹。族人把他丢到小巷,牛、马哺乳了他;把他放在寒冰上,飞鸟又用翅膀庇护了他。他后来被尧尊为农师,被舜推为后稷。这个传说反映出周人的祖先经历过知其母而不知其父的母系氏族社会阶段,并且较早进入农耕经济的行列。不过,把后稷这个男性作为周族的始祖,标志着周人从此进入父系氏族社会。

作为经济发展相对落后的部落,周族长期依附于夏、商等强大部落,在其发展过程中几经兴衰。从传说中的后稷起到夏朝后期,该族首领长期世袭主管农业的"稷"官职。但到夏朝衰落之时,农业似乎已不受重视,周人首领不窋只好回到家乡"自窜于戎狄之间",跟西部更为落后的其他族人往来。在沉寂一段时间以后,不窋之孙公刘将周族人迁到豳地,即今陕西省旬邑县境内。公刘精心策划,惨淡经营,使周族经济、人口和军事力量都有了初步发展。周人这时因尽力农垦,粮食已有剩余,并且已建成自己的军队,初具国家规模。公刘成为周人历史上第一位杰出的政治家。公刘之后,周人中又产生了一位杰出人物古公亶父。这时由于北方游牧民族狄人的侵扰,古公亶父被迫将族人迁至岐山之南的周原。此地即今陕西省岐山县东北,土地肥沃,适宜发展农业。在古公亶父的经营下,周人的农业生产力得到进一步发展,并且已开始修筑城郭,强化国家机器,真正进入文明时代。由于国力的进一步强盛,这时已有一些弱小部落依附于周。到古公亶父之子季历时期,周人已开始扩张自己的部落,不断打败西方和北方的戎狄等族,并与商联盟。因为周人实力已对商构成潜在的威胁,季历受到了商王的迫害。

将周部落实力发展到与商王朝全面对抗并战而胜之的关键人物是季历之子姬昌,即周文王。他经营周人部落达半个世纪之久。其间商人已感到周人的威胁,把他抓起来,并长期囚禁于羑里。当他逃脱商人之囚后,在生命的最后七年里进行了一系列针对商人的征战。在经过一连串军事行动的胜利之后,周人把商在西部的属国统统收归自己所有,对商形成了"三分天下有其二"的优势,形成了对商的首都朝歌的直接威胁。这时,周文王把周都迁入丰地(今陕西秦渡一带),一个新的国家宣告诞生。正当周人准备对商王朝实施最后一击时,文王去世了。尽管壮志未酬身先死,文王却堪称周王朝的真正缔造者。

文王去世以后,其子姬发继位,是为周武王。武王九年,他于孟津(今河南孟州附近)会盟八百诸侯,声势十分浩大。众诸侯一致要求立即兴师伐纣,但武王考虑到时机还不成熟,在会师后就回国了。这次会盟虽未取得任何具体的战果,但由此表明周比商赢得了更多的支持者,周代商已成必然之势。

又过了几年,由于商纣王的荒淫无道,其主要大臣微子、箕子和王子比干进谏,却落得比干被杀、箕子被囚、微子逃亡的结局,商王朝统治集团内部一片混乱。这时,又由于东夷叛商,商纣王被迫对东夷进行讨伐,以巩固后方。但讨伐东夷的结果,造成了军事力量的分散和削弱,对商而言,显然是雪上加霜。此时,周武王意识到对商发动总攻的时机到了。于是,在武王十二年二月甲子日清晨,武王率师向商都发动猛烈进攻,这就是著名的牧野之战。

武王伐纣时,所率周军兵力仅兵车三百乘,周王近卫军三千人,士卒四万五千人。而商王朝之兵力在经东征之后仍具有绝对优势,因此有"商周之不敌"之说。武王为实现灭商大业,建立了广泛的"统一战线",联合了西方和西南方的各路诸侯,计有庸、蜀、羌、髳、微、卢、彭、濮等八族部落。反商盟军在周武王的率领下进逼牧野(今河南淇县南),距商都朝歌仅七十里。这时,由于商主力部队仍滞留在东南方向。商都空虚,商王只能临时武装奴隶和战俘,拼凑成十七万人的军队迎战。

周武王所率军队,虽然一路上并不顺利,但仍士气高昂。到达牧野后,周武王向全军发表了誓词,即《牧誓》,揭露商纣罪恶,申明作战纪律,鼓舞官兵士气。一经交战,周军勇往直前,而商军前线士兵大多为奴隶和战俘,他们不愿为商纣王卖命,纷纷倒戈相向。这样,仅仅一天时间,商王朝军队就大败。商纣王连夜逃回朝歌王宫,后见大势已去,他只好登上鹿台,自焚而死。周人及其盟军攻下商都,标志着周代商这一事业已大功告成。

在这场灭商兴周的战争中,周公不仅是事件的目击者,而且是积极的参加者。当时他的地位与作用虽然还不能同周文王、武王和姜尚等相比,但也相当重要。我们虽没有找到多少有关周公在这场斗争中的活动的确切记载,但作为周王室主要成员之一,并且智商过人的周公,肯定是领导这场运动的核心集团成员。据《荀子·儒效》说,周武王率领大军在"兵忌"之日出发，一路上又遇到了诸多在古人看来是不吉利的征兆。这时周公挺身而出，力排众议，朗声而言："剖比干而囚箕子，飞廉、恶来知政，夫又恶有不可焉！"周公的言论，起到了稳定军心的作用。他在这场重大斗争中的重要性于此也可见一斑。

周公也是这场灭商兴周运动的最大受益者。他亲眼看见了强大的商王朝覆灭的过程，参与了灭商的斗争。因此他对周人艰苦创业，尤其是父亲文王的艰苦朴素和在位之际所表现出来的惊人毅力有着深刻的体会。这些收获，不仅在他后来对其弟康叔，其侄成王等的训诫中体现出来，而且表现于他的政治活动之中。可以说，没有这场艰苦卓绝的周人灭商斗争的亲身经历，一个大智大贤的周公是不可能凭空产生的。正是由于有了周的兴起以及周公本人在其中所起的特殊作用，才为周公这个旷世奇才的出现提供了可能。历史上的儒家把周公理想化、神秘化，把他描绘成一个先知先觉的圣人，这就严重地背离了历史事实，无助于我们正确评价周公。这种观点，是我们坚决反对的。

周公的出现也是历史的必然。周人的兴周大业，代表了时代的潮流。故而周人虽多次遭到商王朝的迫害，但总能愈挫愈强，并最终赢得众多同盟者的支持。正所谓"得道多助，失道寡助"。

当周灭掉商王朝之后，武王的突然去世，使这一运动失去了一个主要领袖。但兴周大业不能没有一个能够完成历史使命的关键人物，这就注定了周公必然作为这一历史事件的主要领袖而登上周初政治舞台。这正如恩格斯所说："恰巧某个大人物在一定时期出现于某一国家，这当然纯粹是一种偶然现象。但是，如果我们把这个人除掉，那时就会需要有另外一个人来代替他，并且这个代替者是会出现的——或好或坏，但是随着时间的推移总是会出现的。"①周公正是这样一个

---

① 《马克思恩格斯选集》，第四卷，人民出版社，第506～507页。

应运而生的人物。这个因偶然因素而登上历史舞台的人物,由于对时代命脉有着准确的把握,显然成了一个成功者。他不仅奠定了有周一代数百年基业,也由此奠定了后来中国历史文化数千年的基本发展方向。

二、"周虽旧邦,其命惟新":周公的历史使命

周战胜商以后不久,该部落的最高统帅周武王就过早地去世了。历史赋予周公的任务是艰巨的。当时,摆在周公面前的困难甚多。

首先,军事上的压力很大。周在占领殷都以后,并未解除全部殷人的武装。商纣王之子武庚虽受封统率殷商遗民,但心怀异志,随时可能率商残余武装反叛。当时,民族关系也很紧张。除了曾作为周的反商盟军的西南方诸部落以外,东方的东夷、淮夷,南方的楚,西方的鬼方等部族,与周的关系都不能令人放心,有的甚至一开始就与周形成明显的敌对状态。这些潜在的敌人,或者因为曾是商之旧部族而随时可能被商的残余势力所号召,成为周的反叛者;或者因为从不与包括夏、商在内的华夏诸族和好,随时可能侵犯周王朝。而周初,周王朝自己的嫡系军队总数也不过五万人左右。因而武王在打败殷商之时,就已流露出这种担忧。据记载,武王罢兵回到周以后,夜不能眠,周公到了他的住所,问道:"为什么不睡呢?"武王回答说:"告女!维天不飨殷,自发未生于今六十年,麋鹿在牧,蜚鸿满野。天不享殷,乃今有成。维天建殷,其登名民三百六十夫,不显亦不宾灭,以至今。我未定天保,何暇寐?"(《史记·周本纪》)也就是说,统率殷氏族的三百六十个氏族长依旧存在,我既不能把他们消灭,又不能使他们光显。在这种状况下怎能放心睡觉呢?武王去世后,周公摄政,扮演了最高统治者的角色。这次轮到周公来体验这种忧虑了。无论如何,作为"小邦周"的新王朝,怎样在军事实力上保证江山社稷的长治久安,这的确是周公在当时必须首先解决的一个迫切问题。

其次，经济上也面临诸多难题。周初，周王朝继续其祖先的重农传统，坚持以农立国的经济政策。然而，这一时期的农业生产工具比之于商代并无实质上的进步。从今天考古发掘到的文物分析，当时仍主要使用骨铲、石铲、石刀和蚌镰等作为耕耘、收割的工具。翻土工具是以青铜斧、锛为刃的木制耒耜，青铜农具仍未占主导地位，铁器农具仍未出现。因此，周初社会生产并没有出现大飞跃的迹象。但是，周初社会的阶级结构出现了较大的变化。首先是周初的规模浩大的"封邦建国"制的推行。"大分封"的结果是在全国出现了七十一个封国，大批有功之臣和王室成员成为新贵族。因此这一时期，奴隶主贵族阶层急剧扩大，统治阶级人口急剧膨胀。在一般情况下，疆土的扩大和统治阶级规模的增加，势必会增加财政支出。其次，在灭商和东征平叛两次大的军事行动中，都有大量奴隶阵前倒戈起义。这些奴隶在周人的这一系列战争中是有功的，因而自然要改善其原来的地位。在人身关系上，他们不会满足于过去那种"会说话的牲口"的奴隶地位。这对于以周公为首的周初统治集团来说，自然在经济上感到不小的压力。再次，周公等人也从商亡的历史事件中，清楚地看到了殷商末期的奴隶们是怎样怠工、逃亡和暴动的，并且清楚地认识到这种破坏行为对一个强大的王朝所产生的毁灭性打击。很明显，过去的统治者所长期推行的旧的剥削方式已不能在新王朝继续推行下去了。"祸兮福之所倚，福兮祸之所伏"，正是这样一个社会急剧变动的时代，使过去不太明显的阶级矛盾激化起来、突显出来，从而使周公有了一个重新认识这一问题的机会，并为其制定新的经济政策、确立新的剥削方式提供了历史机遇。

再次，文化的危机感严重。周是一个在文化上起步较晚的部落。他们早期居于戎狄之间并与这些尚处于野蛮阶段的民族同俗，到古公亶父（即太王）时期尚在穴居野处，过着"陶复陶穴，未有家室"的生活。也就是说，这时周人还居住在窑洞里，地面建筑尚未出现。周人虽经过自己艰苦卓绝的努力战胜了殷商王朝,但这并不能掩盖他们在文化上的贫乏。周人自己也意识到他们对商的胜利,实际上是较野蛮的部族对相对文明的部族的征服。因此他们在灭商之后仍不敢以征服者自居,对商保持着不得不尊敬的这样一种微妙心态。他们继续尊称殷为"大国殷"或"大邑商",而自称则贬为"小国"或"小邦周"。看来,这时周人一时还不适应自己从统一王朝的一个部落一跃而成为天下之唯一"共主"这个角色的变化。同时,周人已痛感自己原有的文化水平再也不能满足统治辽阔疆土的需要了。为此,他们首先需要向商文化学习。在《尚书·康诰》中,周公就对康王提出了"往敷求于殷先哲王,用保乂民"的要求,即要求新王朝不要因殷灭而抛弃其先进的文化,而应学习和继承殷商好的文化传统,用以统治臣民。同时,商王朝的覆灭,本身也暴露出商文化的不足。因此,即使原封不动地继承商文化,也难以确保新王朝基业的永固。这就注定了周人在文化上不仅要超越自己,还要超越殷商,开创出全新的文化局面来。这又是周人所面临的另一重大课题。

在周初的巨大压力和挑战面前,周公表现出大无畏的气概。他不仅非常冷静地应付着种种随时袭来的危机,而且把这些困难视为上帝所赋予的历史使命。在《诗经》中,就有一首相传为周公本人所作的《大雅·文王》诗,诗中表达了这种强烈的"受命"意识。在这首仅五十六句、二百二十余字的诗篇中,"命"和"天命"竟先后出现七次之多,尤其是其中"周虽旧邦,其命惟新"一句,已明显地流露出一种强烈的使命感。周公借歌颂文王之机,以周朝国歌的形式,时时提醒周人要知道"命之不易",要以文王为榜样,以"惟新"的精神,创造性地完成上帝所赋予的历史使命。周公本人在摄政称王的短短七年时间里所完成的业绩,正是对"其命惟新"这一课题所交出的最佳答卷。周公对商代神本文化的超越与否定,为中国古代社会的人本文化奠定了基础,由此也确立了他作为中国历史上第一个大思想家的地位。这表明他准确地把握了时代的脉搏,出色地完成了他的历史使命。

三、周公与周初其他重要政治家

周开国前后,周部落聚集了一批杰出的政治家,他们在领导兴周灭商的斗争中起了关键的作用。其中包括周文王、周武王、姜尚、召公奭等人。周公与这些重要政治家之间都有着十分密切的关系

周文王姬昌,号称西伯,为周公之父。司马迁在《史记·周本纪》中说他:"笃仁,敬老,慈少。礼下贤者,日中不暇食以待士,士以此多归之。"据说,有一次周文王在野外行走,见到一些枯骨。他马上吩咐随从们把这些枯骨好好掩埋起来。随从们说:"这些都是无主的尸骨。"文王却对他们说:"统治天下的就是天下之主,治理国家者就是一国之主。我就是主,怎么能说这些尸骨无主呢?"西伯埋尸骨的事传开后,各地的人都称赞说:"西伯对枯骨尚且这样爱护,何况是对人呢?"于是大批贤才都投奔了周族。

周文王不仅具有仁慈的美德,而且艰苦朴素、勤劳节俭。屈原在《楚辞·天问》中就赞美"伯昌号衰,秉鞭作牧",即文王穿着蓑衣放牧。周公也说,"文王卑服,即康功田功"(《尚书·无逸》),即文王安于卑微的工作,从事过开通道路、耕种田地的劳役。

周公对其父文王是十分景仰的。在他为文王所作的颂歌中,就盛赞后者之德,要求周人"仪刑文王,万邦作孚",即要善于效法文王,天下万国就会信服。他深情地说:"亹亹文王,令闻不已。陈锡哉周,侯文王孙子。"(《诗经·大雅·文王》)又说:"穆穆文王,于缉熙敬止。假哉天命,有商子孙。"(《诗经·大雅·文王》)。文王的治国经验与良好品德,对周公无疑具有深刻的影响。

周武王姬发,是周文王之次子,周公之兄。文王在世之时,周公与武王兄弟俩密切合作,辅佐他从事兴周大业。武王虽不是长子,但因其贤,使文王在选择继承人问题上优先考虑了他。姬发因此直接越过

其长兄伯邑而成为太子。文王去世后,武王即位,继续其未竟事业。经过精心准备,武王完成了灭商的壮举。武王灭商以后,很快采取了争取民心的措施。他派召公把商纣的叔父箕子从被囚禁的地方放出来,派毕公释放被囚禁的百姓;表彰商朝贤臣商容的故里;命令南宫括把商纣王多年搜刮来的鹿台之财、巨桥之粟,都散发给贫民和奴隶;命令闳夭祭扫被商纣王杀害的王子比干的墓。这些措施显然达到了预期的目的,它使人们认识到"天命靡常","天命"并不总是落在商王朝的身上,民心比"天命"更有利于江山永固。武王的另一新措施就是通过对一大批同姓兄弟和异姓功臣以及传说中的黄帝、神农、尧、舜、禹的后裔的分封,使新王朝不仅更为巩固,而且可以控制更为辽阔的疆土。同时,武王对商朝遗民也采取了一种安抚政策,封纣王的儿子武庚于殷地。但是,武王可能因积劳成疾,在灭商之后仅两年,就去世了。新王朝安邦建国的任务并未在周武王手里得以彻底完成,只好留待周公来承担其未竟之业。

在文王去世至武王去世的这段时间内,武王显然是周政治集团的核心人物。周公虽然不是许多政策的主要决策者,但作为文王、武王的主要辅佐人员之一,在许多问题上必然要起到出谋划策的作用。武王在世时,兄弟二人彼此信任,相得益彰。武王过早去世,则给了周公一个总揽大权,大展拳脚的绝佳机会。从周公辅成王和最后还政于成王的事件来看,他对其兄长的感情是深厚的。周公与周武王虽都精明强干,但并没有发生像后来许多王朝那样为争夺王权而兄弟相残的情况。这说明他们能够识大体,为兴周这个大目标而共同努力。

在反商兴周的斗争中,还有一个不容忽视的重要人物,他就是周初的大政治家、军事家吕尚。

吕尚姓姜,名子牙,东海人。传说他的祖先是神农氏的后裔,因辅助禹治水有功,被封在吕(即今河南南阳),以封地为氏,故称吕尚。关于吕尚的生平,人们说法不一。有的说他本是一个博闻强记之人,曾经给商纣王当过大臣，因见纣无道而离开了他。之后，他又游说于诸侯之间，未受重用，最后才投奔了周文王。又有人说吕尚原是隐居于海滨的处士，周文王被囚禁于羑里时，其手下大臣散宜生、闳夭听说他有贤能而去请他出山相救。吕尚说："我听说西伯贤明，尊重老人，何不去他那儿？"于是吕尚与这两个人合谋替周文王求得美女、珍宝来献给纣王以赎其罪，周文王果然被救了出来。

关于吕尚和周文王的相遇，最为人熟知的说法近乎传奇。据说吕尚一直未找到发迹的机会，年老时依然贫困不堪，后来他常到岐山脚下钓鱼。有一天，周文王外出打猎，行前占卜，得到一个奇怪的卜辞，意为：所获者不是野兽，而是霸王的辅佐之臣。文王出猎时，行至渭水北面，见年老的吕尚正在那儿钓鱼。文王下车与之交谈，吕尚就把他酝酿已久的用兵治国之策进献给文王，文王闻之大喜，恍然大悟，这不正是卜辞中所言之人吗？于是他对吕尚说："我的祖父太公说，'当有圣人到周，周因此而兴盛起来'，您果真是这个人吗？我的太公盼望您已很久了。"自此以后吕尚称太公望（民间传说中的姜太公，就是由此称呼演变而来）。文王立即与吕尚共乘一车而归。吕尚很快得到了重用，被任命为国师。

周文王于羑里被释放回周以后，经常和吕尚一起暗中商量灭商兴周大计，其中主要是关于兵法和计谋等方面的内容。周文王推行德政，断虞芮之讼，灭掉崇国、密须和犬夷等商朝的附庸小国，修建本邑，使周的势力向东发展，形成了"三分天下有其二"的有利局面。这一连串的胜利，大多归功于吕尚的计谋。

周文王去世以后，继位者周武王仍以吕尚为师，称师尚父，以之为周军统帅。周武王九年（前1048年），武王打算重修文王之业，东伐商纣王，试探诸侯们有什么反应。吕尚以统帅的身份发布号令。当时前来会师的有八百诸侯，他们一致要求立即兴师伐纣，但吕尚和武王认为时机未到，与诸侯会师后回国。两年以后，商纣暴政变本加厉，形势更有利于周。吕尚看到时机成熟，请武王出师讨伐。出师前，武王占卜，得到不吉的卜辞，又遇暴风雨。群臣均认为将出师不利，劝武王不要伐纣，唯有吕尚力主伐纣。在接下来的牧野之战中，面对数倍于己的商纣军队，吕尚毫无畏惧，不顾年迈，身先士卒，率领一个百人敢死队冲击敌阵。在吕尚大无畏精神的鼓舞下，周军将士奋勇向前，大获全胜。商纣取胜无望，只好自焚于鹿台。占领朝歌以后，周分散商纣留下的钱财和粮食以救贫民，采取了一系列争取民心的措施，而这些计策据说大都出自吕尚。

　　在周初大分封中，吕尚作为第一号功臣被封在齐国。当时齐地处东夷杂居的复杂区域，需要一个足智多谋的人去镇守，吕尚无疑为最佳人选。传说在吕尚一行从容不迫地去齐途中，有一天晚上，他听到旅店的主人在外面议论道："时机难得而容易错过。这些客人睡得那么稳，好像不是赴国上任的人。"吕尚闻听此言猛然警觉起来，他立即叫醒兵士，马不停蹄地赶到齐都营丘，果然遇到附近的莱夷人来争夺营丘，幸亏吕尚及时赶到，击败莱人，使齐国稳定下来。吕尚到齐以后，在政治上尊重当地风俗，简化礼节，提倡商业和手工业，又利用临海条件，发展渔业和盐业。附近小国的百姓看到齐国的兴旺景象，多移居齐国，使齐国很快成为一个幅员辽阔的东方大国。

　　周公对吕尚的政治才能应该是了如指掌的。周公后来采取的许多政治措施虽有不少与吕尚的有所不同，但很难说没有师法于吕尚的地方。周公对吕尚的政治才能也表示佩服。周公封地鲁国与吕尚封地齐国相邻。据说，分封之后，周公的儿子伯禽到鲁国受封，吕尚到齐国受封。吕尚治理齐国三个月后就向周公汇报政绩。周公问他为什么这么快就有了成绩，吕尚说："我按照当地风俗，稍稍把我们的礼节变革一下，当地百姓很快就接受了。"而伯禽过了三年才来汇报政绩。周公问他为什么这样迟，伯禽说："我到那里要变更风俗，建立礼制，现在才有个头绪。"周公听了以后，叹道："唉，鲁国的后代将来一定要归齐国管了。齐国为政简易,容易为百姓所接受,也一定能得到百姓的支持。"因此说周公在为政上受吕尚的影响是毫不奇怪的。

召公奭,周文王之子,周公异母兄弟,为周初重要政治家之一。武王灭纣后,封召公于北燕。周公辅成王时,召公位为三公之一。当时自陕县以东地区,由周公主管;处陕县以西地区,由召公主管。可见当时召公在地位上与周公不相上下,为辅佐大臣之一。召公治理西方,很受民众喜爱。据说,有一次,召公下乡巡察,发现有一棵棠梨树,便在棠梨树下面判决刑狱和处理政事。从有地位的人到普通百姓,每个人都有适当的职位,没有失业者。召公死后,人民思念他的政绩,怀想棠梨树,不敢砍伐,并写成《诗经·召南·甘棠》诗篇歌颂此事。诗中写道:

蔽芾甘棠,

勿翦勿伐。

召伯所茇。

蔽芾甘棠,

勿翦勿败,

召伯所憩。

蔽芾甘棠,

勿翦勿拜。

召伯所说。

《诗经·召南》中另外还有一首《行露》诗。这是一首写一个女子拒绝已婚男子并责骂他的诗。该女子由于召公断讼明察秋毫而得以如愿,因而写下责骂该男子之诗借以赞美召公。

从关于召公的史料来看,召公似乎本不长于计谋,与吕尚善兵法奇谋显然不同。但召公推行的德政,与吕尚在政治上和风格上正好形成了一种互补关系。这两种统治方法在当时显然各有其存在的必要性。召公的政治实践带有更多的平民因素,更能反映民众的呼声。这种政治实践也表明中国古代社会已逐渐开始从天命观中摆脱出来,更多地关注人自身的作为对于争取民心、影响历史发展进程的作用。这在一定程度上体现了中国文化在周初的确有了某些进步。

从周公把营建新都洛邑的重任交给召公来主持这件事可以看出,周公对召公是十分信任的。以周公与召公之间的密切关系,他对召公的为政之道应是再清楚不过的了。因此,周公与召公在其政治生涯中也完全有可能相互影响,吸取对方的优点。

总之,周公作为中国历史上第一个大思想家和最早的大政治家之一,在其理论与实践中充分地吸收了同时代其他重要政治家的思想和实践中的精华部分,并从这一时代的许多重大历史事件中获得了有益的启迪。因此周公的思想也是中国文化发展到周初这一历史时期的集大成者,在中华文化的早期历史上,起着承先启后、继往开来的作用。这就形成了一个相对独立的时代——周公的时代,它是中华文明史上不可忽视的一个极其重要的历史阶段。

第二章　周公的天命思想

——由"蒙昧主义"到"理性主义"

　　"天命观"是中国古代特有的一种世界观,它不仅是普通黎民百姓心中占统治地位的思想,而且是支配帝王将相思想和行为的世界观。周公作为古代一位杰出的思想家和政治家,他的世界观也必然有其独特之处。为了突出他的"天命观"特色,有必要先简析一下周公之前的"天命观"。

一、夏殷蒙昧主义的天命观

　　自从夏部落的贵族禹打破了部落选举首长的"禅让"制,实行"传子"的世袭制后,就面临着一个如何解释"王位子继"的合法性、必然性的问题。启在父亲禹的培植下企图得到王位,首先就遭到东夷部落首领伯益的反对,"益干启位,启杀之"(《史记·夏本纪》)。伯益被杀之后,启夺得王位,又遭到居住在今陕西省西安市鄠邑区境内的有扈氏的举兵反抗。启率兵讨伐,并做了战前动员,郑重地发布了动员令,即我们所知道的《尚书·甘誓》。在《甘誓》中,启第一次假"天"①之命来为自己讨伐有扈氏作论证:"予誓告汝:有扈氏威侮五行,怠弃三正。天用剿绝其命,今予惟恭行天之罚。"有扈氏的罪行非常简单,仅是"威

---

　　①　关于夏商时代是否有"天"的概念,学术界看法不一,有些学者根据《尚书》的《夏书》和《商书》中有"天"的称谓而断言夏商时代已形成"天"的概念;而有的学者如郭沫若则认为《夏书》和《商书》中的"天"是后人的思想、语言掺入,不足为据,"天"的概念是在周代才形成的。我们认为,夏商时代是否把上帝称为"天"并不重要,假"天"之命还是假"上帝"之命都不改变问题的实质,故不必在称谓上纠缠。

侮五行,怠弃三正"而已,就是说有扈氏上不敬天象(据刘起釪的研究,"五行"指古人观察到九大行星中的五个,称作辰星、太白、荧惑、岁星、填星,与战国末期到汉初才形成的"阴阳五行说"的"五行"无关),下不重大臣("三正"指二三大臣)。启为什么不把有扈氏反对他称王作为一大罪状呢?这正说明"王位子继"在当时并不具有合法性和必然性。于是启便假借"天"意来为自己讨伐有扈氏作论证。这种口实当然显得乏力,所以启便辅之以赏赐和严厉的惩罚来利诱和威吓部属:"用命,赏于祖;不用命,戮于社。予则孥戮汝。"(《尚书·甘誓》)就是说,努力完成命令的,便给予奖赏;不努力完成命令的,便在神社前给予惩罚,将他们加以刑戮或沦为奴隶。

可见,夏启开创了以"天"命论证"王位子继"合理性及"君权神授"之先河,即所谓"有夏服天命"(《尚书·召诰》)。"天",《说文解字》云:"天从一大。""大"字的甲骨文、金文皆像人形,人之上为天,原反映太空,其处高远,其形远大,是自然崇拜的对象之一。夏启则赋予了"天"以至高无上的神性,把茫茫苍穹的自然之天变成了"天神""天帝""上帝",变成了统摄百神的至上神。这与原始氏族部落崇拜的日月山川等自然神不一样。自然神之间是平等的,它反映了氏族部落的平等关系;而"天神"则是凌驾于众神之上的百神之长,它反映了夏朝奴隶主君主专制的社会制度业已形成。正如马克思所说:"宗教本身是没有内容的,它的根源不是在天上,而是在人间。"[1]"许多神的全部自然性和社会属性都转移到一个万能的神身上,而这个神本身又只是抽象的人的反映。"[2]

夏朝一方面在人间开创了奴隶主君主专制制度,另一方面又在天国塑造了统摄百神的天帝。但此时的天帝和人间的君主尚无"血缘"纽带关系,天帝与君主是两分的,君主只是去服从天帝的命令,代天行

---

①　《马克思恩格斯全集》,第 27 卷,人民出版社,第 436 页。
②　《马克思恩格斯选集》,第 3 卷,人民出版社,第 355 页。

事,即所谓"有夏服天命"。到了殷商,统治者继承和发展了夏的天命观,不同的是,天帝与君主已攀上了"血缘"纽带关系,人间的君主乃天帝之子,代表天帝来统治人间,即所谓"帝立子生商"(《诗经·商颂》)。天帝在天上,故称"上帝";"天之元子"来人世做帝,故称"下帝"或"王帝"。于是,天上之帝与天下之帝被合二为一,成了一家人,故作为"下帝"的商朝统治者独享"步于上帝"(《尚书大传》)的特权。生前,商王可以通过祭祀和占卜独自与皇天上帝往来,如殷墟甲骨卜辞记载有:"甲辰,帝其令雨?"(甲辰那天,上帝要命令下雨吗?原文见《殷墟文字乙编·6951片》)"帝其令风?"(上帝要命令刮风吗?原文见《殷墟文字乙编·3092片》)"帝其降堇(馑)?"(上帝要降给饥馑吗?原文见《卜辞通纂·373片》)"帝降食受(授)又(佑)。"(上帝赐给我们吃的,保佑我们。原文见《殷墟文字乙编·5296片》)"伐舌方,帝受我又?"(征伐舌国,上帝给我们保佑吗?原文见《卜辞通纂·369片》)"王封(建)邑(城),帝若(诺)。"(君王建筑城邑,上帝已答应了。原文见《卜辞通纂·373及374片》)"我其已宁,乍(则)帝降若(诺);我勿宁,乍(则)帝不降若(诺)。"(我免宁的职务,上帝是应允的;我不免宁的职务,上帝是不允许的。原文见《卜辞通纂·367片》)。可见,商王不论什么事情都要卜问上帝,并由卜、史、巫、祝这些礼神官根据凿灼甲骨出现的裂纹形状来判断上帝的答复。死后,商王则可回到上帝身边,即"宾"于上帝。正是由于殷商统治者把自己视为"天之元子",使得殷商的统治充满了神鬼之气。《礼记·表记》说:"殷人尊神,率民以事神,先鬼而后礼。"《尚书表注》说:"商俗尚鬼。"这些说法都是符合实际的。

关于殷商的天命观是否是"神人合一",学术界看法不一。郭沫若认为:殷人已有至上神的观念,起初称帝,后称上帝,殷周之际又称"天"。这个"上帝"或"天"就是殷民族的祖宗神,也就是卜辞中的"高祖夔"。把自己的祖先移到天上,成为天上的至上神,这是殷人独自的发明①。侯外庐也认为殷人所尊崇的是祖宗一元神，只是到了周人那里，才把一元神改为二元神（天神和祖宗神）。

　　陈梦家则认为：殷人的崇拜可分为三类，一是天帝崇拜，二是自然崇拜，三是祖先崇拜。从卜辞中看，尚无以天帝为其高祖的信念，上帝只是掌管自然天象的主宰，实为农业生产的神，上帝和人王不是父子的关系。人不能直接向上帝求雨祈年，而是通过先公先王和神祇向上帝求雨祈年的。天、天命和天子的观念是西周才出现的（《殷墟卜辞综述》第十七章）。任继愈认为：殷王与天神并无血统关系，不能把自己称为天子，殷王也不能直接向天神祈祷，而是委托自己的祖宗神传达。到了周代，天神观念才发生了变化。周人把天神想象和说成无限关怀人世统治的有理性的最高主宰，和祖宗神一样，是与自己同类的善意的神。这个天神不再像殷人那个天神是与人们相对立的盲目支配力量，而是和最高统治者结成了亲密的关系，把他们当作自己的嫡长子，选派他们统治疆土、臣民。因此，周代才出现了天子和天命的观念，周王可以自称为天子。所谓天子，也不是从血统的意义上说的，而是着重于政治和道德的意义。②

　　根据前面的分析，我们认为殷人的天命观确实是实现了"神人合一"。如果不是因为这种"神人合一"的绝对天命观，则很难理解殷纣王为什么在大难当头时还满不在乎地说什么"我生不有命在天"（《尚书·西伯戡黎》）。既然殷王是上帝之子，那天下俗人能把他殷王怎么样呢？！所以，从纣王的所作所为以及他在大难当头时的满不在乎的态度可以断定，纣王是把自己视为"天之元子"。至于所谓"天子"的称谓是周代才出现的说法，我们认为是值得商榷的。据《尚书·西伯戡黎》记载：祖伊听到西伯战胜黎国后十分恐惧，"奔告于王。曰：天子，天既讫我殷命"。这里，祖伊明确称纣王为"天子"。有人根据"天

---

①　郭沫若著：《先秦天道观之进展》，见《青铜时代》，商务印书馆1936年版，第9～22页。
②　任继愈，孔繁等著：《中国哲学发展史》，人民出版社1983年版，第94页。

既讫我殷命"的语句,预先知道殷朝的灭亡,于理未合,因而断定该文为后人追记。其实,根据上下文,祖伊之所以断定殷朝天命已尽,一是根据殷王"淫戏用自绝"已造成百姓"不有康食"(没有饭吃),"民罔弗欲丧"(老百姓没有不想殷王早些灭亡的),已违背天命;二是根据"格人元龟,罔敢知吉",即用大龟占卜,始终没有遇上吉兆,所以才断定殷朝气数已尽。这也符合殷人凡事均要靠占卜来预测的习俗。因而祖伊断言殷朝天命已尽并非"于理未合"。在《尚书·微子》中,作为纣王的哥哥微子不是也断言殷朝天命已尽吗?他说:"今殷其沦丧,若涉大水,其无津涯。殷遂丧,越至于今。"退一步说,即使该文为后人追记,相隔时间也不会太长,绝不至于把对殷王的称谓都搞错。

此外,我们也可从有关殷人的一些神话传说中窥见和印证其"神人合一"的天命观。

在许多关于殷人的传说中,都把殷人的始祖契说成是神鸟所生。《吕氏春秋·音初》云:"有娀氏有二佚女,为之九成之台,饮食必以鼓,帝令燕往视之,鸣若谥隘,二女爱而争搏之,覆以玉筐,少选,发而视之,燕遗二卵北飞,遂不反。"高诱注:"帝,天也,天令燕降卵于有娀氏女,吞之生契。"《史记·殷本纪》云:"殷契,母曰简狄,有娀氏之女……见玄鸟堕其卵,简狄取吞之,因孕生契。"《诗·商颂·玄鸟》也云:"天命玄鸟,降而生商,宅殷土茫茫。"类似的说法还有许多,不再赘述。如果说殷人把自己的始祖契视为神鸟之后,那与上帝这个天上的至上神又有何关系呢?为说清这个问题,还得先说明神鸟与日神的关系。

在中国古代神话传说中,神鸟总是和太阳联系在一起的,即有"阳鸟"之说。《山海经·大荒东经》云:"汤谷上有扶木,一日方至,一日方出,皆载于鸟。"《楚辞·天问》云:"羿焉彃日,乌焉解羽。"《淮南子·精神训》云:"日中有一乌,而月中有蟾蜍。"《艺文类聚》引刘向《五经通义》云:"日中有三足乌,月中有兔与蟾蜍。""阳鸟"之说在考古发现中得到证实。2001 年在成都市金沙村发现的古蜀国遗址,距今约 3000 多年,文化堆积年代从商代晚期至春秋时期,主体遗存在商代晚期至西周前后。在"金沙遗址"发掘出大量金器、铜器、玉器、石器及数以吨计的象牙和上亿片陶片,与"三星堆"文物相似。其中有一件非常精美的"金四鸟绕日箔饰",直径 12.5 厘米,厚 0.02 厘米,图案似一幅现代纸剪作品,分为内、外两圈。内圈是一个旋转的火球,象征太阳,外圈等距分布着四只展翅飞翔的神鸟。以笔者观之,神鸟极似传说中的凤凰,12 条美丽的凤尾构成太阳的 12 道光芒,象征一年 12 个月和一天 12 个时辰;四只鸟正好分别象征一年四季。四只鸟围绕太阳飞翔,周而复始,循环往复,生生不息,体现了远古先民对神鸟和太阳的崇拜;箔饰构图流畅,极富韵律,充满强烈的动感,表达了古代先民对生命和运动的讴歌;而神鸟与太阳合一,又似有"凤凰涅槃"之寓意。不仅中国有"阳鸟"之说,外国神话中也有类似说法,如埃及就有"太阳鸟"之说,叙利亚也有"鸟负日"之说。

如果说神鸟就是"阳鸟"或"日神",那么又与上帝这个至上神有何关系呢? 据何崝的《商文化窥管》考证,殷人崇拜的日神和上帝是同一个神。《礼记·郊特性》云:"郊之祭也,迎长日之至也,大报天而主日也,兆于南郊,就阳位也。"郑注:"天之神,日为尊。""大报天而主日",这表明至上神天与日为一体,郑注所云,等于是说日神为天帝。据何崝考证,在埃及、印度、伊朗等国的神话传说中,造物神、至上神或者本身就是太阳神(如埃及神话中的拉——哈拉克特);或者其眼睛为太阳(如古印度的瓦如拉、古波斯的密特拉、伊朗的阿胡拉·马兹达、希腊的宙斯、日耳曼的欧丁),而太阳神又往往是至上神眼睛的人格化(如古印度的徐亚神、古希腊的希略斯、日耳曼的太阳女神)。可见这些不同民族都有把太阳神视为至上神的观念,这也进一步说明何崝提出的"殷人上帝、日神同一说"的看法是不无道理的。

这样一来,我们不难归纳出以下关系:

上帝(至上神)→太阳神→神鸟→殷的始祖(契),这样,我们就从神话传说中找到了殷人把殷帝视为"上帝之子"的逻辑根据。张立文先生也提出类似观点,他认为:"殷代,帝这个范畴不仅是多神崇拜的抽象,而且是世界万物的创造者。同时,上帝又被认为是统治者的祖先,并由臣正组成帝廷。"①钱杭也在《周代宗法制度史研究》中通过考证提出:"我将祖先崇拜观念分为两种类型,一是'祖神合一',一是'祖神分离'。所谓祖神合一,是就祖先以神灵的面貌出现而言,它与今人的关系是神秘的感应;而祖神分离则与此相异,它体现出道德的教化。前者若是殷代的特征,后者是西周的特征。"②我们之所以要不厌其烦地论证殷商的天命观是"神人合一"的天命观,也就是为了分析周公天命观改革的意义。

综上所述,我们把夏殷时代的天命观概括为"蒙昧主义的天命观"。为什么把它定性为"蒙昧主义",我们将在阐述了周公天命观后再做比较分析。

二、周公理性主义的天命观

学术界有些人认为,周公并没有真正的天命思想,周公的天命观只是用来麻痹殷遗民的精神鸦片,用它来神化周人的统治权威,至于周公本人并不相信天命。这些人还援引恩格斯的一段名言为自己的观点作证,恩格斯说:"一切宗教,不是别的,正是日常生活中支配着人们的那种外界力量在人们头脑中的幻想的反映,在这反映中,人间的力量,采取了非人间力量的形式。"③周公本人究竟相不相信天命呢?我们还是先来看看周公自己的言行再做结论吧!

今文《尚书》是学术界公认的比较可靠的典籍,其中关于周公言行

---

① 张立文著:《中国哲学范畴发展史》,中国人民大学出版社1988年版,第68页。
② 钱杭著:《周代宗法制度史研究》,学林出版社1991年版,第106页。
③ 恩格斯:《反杜林论》,人民出版社1956年版,第33页。

的十一篇记载几乎都充满着周公的天命观思想,下面不妨做些摘引①:

据《尚书·金滕》记载,在武王克商第二年,武王患病,身感不适。周公以自己的生命作质,设下祭坛,祈求大王、王季、文王的在天之灵,请求代替武王去死。史官记载了周公祷告时的祝词,祝词说:"你们的长孙生了重病,假若你们三王的在天之灵得了什么疾病,需要做子孙的去扶持你们,那就让我姬旦来代替你的长孙吧!我仁德而又伶俐乖巧,什么才能都有,能够很好地侍奉鬼神。你们的长孙不像我这样多才多艺,不能侍奉鬼神。他在上帝那里接受任命,按照上帝的意旨正在统治四方。因而你们子孙的统治权才这样在人间确定下来,四方的臣民无不既尊敬又害怕。唉!不要毁掉上天所降下的宝贵大命吧!这样我们的先王也就永远有所皈依了。现在我就通过龟卜来接受你们的命令了,假若你们答应了我的要求,我就拿着璧和圭死去,等待你们命令;假若你们不答应我的要求,那我就把璧和圭抛掉。"龟卜得到的结果都是吉兆。第二天,武王的病就好了。靠祷告、占卜治好武王的病固然是不可信的,但从周公的祝词中看出周公相信天命则是无可疑义的。周公相信有一个万能的上帝在支配着人世间的命运,任何人都不能违抗上帝的旨意,否则,上帝就会动怒,就会警告、惩罚人世。该文还记载了这样一件事:周公本是秉上帝的意志平"管蔡之乱",维护周政权,却遭到成王的不理解和反对。结果,上帝就动怒了,在秋收季节,雷电交加,狂风大作,大树被连根拔起,庄稼都被吹倒了。国内的人都十分恐慌,成王和大夫们赶紧打开周公占卜时装祝词的匣子,发现了周公对周王朝的忠诚,于是成王改变了对周公的看法,亲自出城迎接周公。结果,狂风按相反的方向刮去,刮倒的庄稼又都重新站了起来,吹倒的大树也被太公、召公派人重新扶起来,这一年的收成特别好。

---

① 王世舜译注:《尚书译注》,四川人民出版社1982年版。

秋高气爽的季节发生雷电交加、狂风大作的现象虽然很反常,但毕竟是自然界在特定条件下发生的自然现象,古人认识不到引起异常自然现象的原因,很自然地把它视为上帝表达意志的一种方式。周公虽然是个高明的政治家和思想家,但也不可能超越时代的局限,他也必然从内心相信有一个支配人世间命运的上帝存在。因此,在干一件事情,特别是重大事情之前,通过占卜了解上帝的意旨是非常重要的。

例如,武王死后,管叔、蔡叔联合武庚叛乱,对此是否应该进行武力平叛,当时周统治集团内部意见极不统一,不少人对武力平叛持反对态度,认为管、蔡之乱乃王室内部之矛盾,且天下民心不稳,不宜征战。周公为此而用"大宝龟"进行了占卜,得到了实行武力平叛的吉利卜兆,并以此来说服反对武力平叛的人。《尚书·大诰》详细记载了周公对各国诸侯及各级官吏的讲话,可以说这是一篇典型反映周公天命观思想的典籍:

"王(周公)说:'啊!我要郑重地向各位诸侯国君和你们的官吏宣布命令。不好了!上帝把大祸降给我们国家,灾祸在继续发展,没有停息。现在我替年幼的侄儿执掌我们永恒的权柄。我却没有遇到明智的人,把我们的人民引导到安全的境地,何况说了解天命的人呢?

'唉!我的处境就好像渡过深渊那样危险,我只好到上帝那里去寻找渡过难关的办法了。摆下占卜用的大宝龟吧,让它来宣布我们的前辈是怎样在上帝那里接受任命的。这样的大功,是不应当忘记的。我不敢隐藏上天的威严意旨,用文王遗留给我们的大宝龟进行占卜,我们就可以问清上帝的用意了。结果就得到卜辞,说:"西方要有很大的灾难,西方人也不会平静。"于是这些叛乱的人更加蠢蠢欲动。殷的余孽竟然敢妄图恢复他们的统治地位。上帝给我们降下了灾难,他们知道我们国家因为这种灾难,人民很不安宁,竟然说"我们要恢复我们的统治",反而更加看不起我们周国。现在他们发动叛乱了,有的地方的人民响应他们这种叛乱。但只要有十个人做我的助手,那我就可以平定叛乱,完成文王、武王所力图达成的功业。我现在要发动平定叛乱的战争,这样做究竟好不好呢? 我的占卜结果告诉我这样做是吉利的!

'因此,我要告诉我们友邦的国君以及各位官员说:"我得到了吉利的卜兆,我要率领你们去讨伐殷国那些发动叛乱的人。可是,你们这些国君和你们的许多官吏,都反对我的意见,说:'困难太大了,民心也很不平静,那些发动叛乱的人有的就在王官里和邦君的家里,他们是我们的长辈,不应当去讨伐他们。王啊! 你为什么不违背占卜结果呢?'"

'现在我应当为我们年幼的王,慎重地考虑出征的困难,唉! 实在是这样,一旦发动战争,就要惊扰千家万户,包括那些无夫无妻的人,这实在是令人哀痛! 我们遭到天灾,上帝把非常严重的困难投到我以及我们幼主的身上,我不能只为自身的安危忧虑。我猜想各位国君和你们的官吏们,也会这样劝告我:"不应当过分地操劳于自己的安危,不应不去完成你的父亲文王所没有成就的功业。"

'唉! 我想我是文王的儿子,我不敢废弃上帝的命令。上天嘉奖文王,使我们这个小小的周国兴盛起来。文王通过占卜,继承了上帝所授的大命。现在上帝命令臣民帮助我们,何况我们又通过占卜了解到上帝的这番用意呢。唉! 上帝的这种明确的意见,人们应该敬重,还是帮助我加强我们的统治吧!'"

'……

"王说:'唉! 努力吧,各位诸侯国君以及你们的官吏们,要把国家治理好,就必须依靠圣明的人,而只有十个圣明的人才会了解上帝的意旨。上帝在诚心诚意地帮助我们周国,你们是不敢侮辱上帝的决定的。今天,上帝已经把这个决定下达到我们周国了,那些发动叛乱的人却勾结殷人讨伐自己的同宗。你们知道天命是不可改变的!'

'我长时期地在考虑:上帝是要灭掉殷国的。譬如种庄稼的农民,为了使庄稼长得好,总要把田亩中的杂草完全除掉。我怎敢不像农民那样,除恶务尽呢?上帝只赞助我们的前辈文王,我怎敢放下卜兆,怎敢不遵从上帝的意旨和文王的意图而不去保卫我们美好的疆土呢?何况今天的占卜结果都是吉利的,因此我一定要率领各位诸侯国君东征。上帝的命令是不会有差错的,占卜结果就清楚地说明了这一点。'"

以上所引不难看出,周公笃信王朝的兴废更替、社会的动乱安宁、个人的祸福命运,都是被万能的上帝所主宰的,绝非仅仅做做样子,用以欺骗人民群众和王公贵族。那么,又该怎样理解上述恩格斯的那段话呢?我们认为,恩格斯那段话主要是从马克思主义的立场出发,用辩证唯物主义的观点来揭示宗教产生的根源和实质。这段话揭示了宗教产生的社会根源,即阶级压迫和剥削,这是一种使广大下层群众感到窒息而又无法摆脱的人间统治力量。以幻想的形式,借助天国的力量来惩恶扬善,以求得心理上的慰藉和寄托希望,这就是一切宗教赖以产生和广为流传的社会基础。这是一种小孔成像式的"颠倒反映",因为人间的统治力量是不公正的邪恶力量,而天国的统治力量是惩恶扬善的正义力量。宗教由被压迫人民或民族创立,以后又被统治者利用,这是西方社会的一般情况。中国古代虽没有形式化的宗教,但宗教意识的普遍存在是无疑的。周公尽管是一个杰出的政治家和思想家,但他不可能超越时代而跳出宗教神学的藩篱。周公的高明之处在于他利用了当时这种普遍存在的宗教意识,把它和王朝统治联系起来,用它来论证王朝统治的合法性。至于王朝统治与天国的联系何在,周公当然不可能找到这种不存在的联系,他却相信上帝的意志是可以通过占卜来了解的。所以占卜吉凶不仅是殷代统治者,也是周代统治者行事之前的一项非常重要而虔诚的仪式。有些人认为,周公自己就说过"天不可信"(《尚书·君奭》),可见周公是不相信天命的。其实,只要将周公的原话引完,就不难看出所谓"天不可信"的真正含义了。周公的原话是："天不可信,我道惟宁王德延,天不庸释于文王受命。"就是说,天不可信,我们只有努力发扬文王敬德保民的光荣传统,上天就不会废弃由文王所接受的天命了。可见,周公还是落脚于"天命"上,所谓"天不可信"乃是告诫召公不要像纣王那样死抱着"我生不有命在天"的观念不放,这样的绝对天命是不可相信的。能否接受和保住天命,关键要看君王自己的主观努力,这正是周公天命观与先前天命观的重要区别。下面我们做一些分析:

夏、商的天命观是绝对排斥"人为"的主观因素的。人在命运面前是无能为力的,人的一切早已由上帝安排好了。《尚书·西伯戡黎》记载了这样一件事:周在经过太王(古公亶父)、王季(季历)、文王(姬昌)三代经营后,已从一个落后的小国发展成为一个实力较强的国家。而殷商政治日益腐败,阶级矛盾日益加深,老百姓怨声载道,民不聊生。武王在这种形势下开始向东扩充自己的实力。首先是向殷的诸侯国黎国发动进攻,并战胜了黎国。消息传来,祖伊十分恐惧,赶快把这件事向殷纣王报告,并告诫纣王不要沉湎于酒色享乐之中,以免自绝于天命。纣王听后不以为意,根本不把祖伊的警告放在眼里,反而认为"我生不有命在天"。大难临头了,殷纣王却还死抱着天命不可改变的观念,终于落得个丧邦殄族的下场,足见他的天命观是完全排斥主观能动性的,对上帝的信奉是绝对的、无条件的。

周公的天命观则是不排斥"人为"的主观因素的,这是中国古代天命观上的一个重要转变。周公的这种思想主要体现在他的"以德配天"学说中。《尚书·多方》是周公代表成王所发布的诰令,周公在诰令中详细分析了夏、殷之所以灭亡的原因,集中反映了他的"以德配天"思想,现摘引如下:

周公传达周王的命令说:"啊! 告诉你们四国和各地诸侯,以及治理臣民的官长们。我要特地向你们下达命令,希望你们认真了解命令的内容和精神。

"看那夏代闭塞了上天的命令,常常不恭敬地对待祭祀,不把祭祀放在心上。虽然上帝给夏降下了深知天命的人,但夏王纵欲享受,不肯用好话去慰告人民,而是日益淫逸昏乱……由于这些原因,上天便为老百姓寻求好的国王,于是便降下了光荣而美好的大命给成汤,成汤遂灭掉夏国。

"上天不把大福赐给他们,这是因为那些地方诸侯的大臣,不努力为百姓造福,只知残暴地对待臣民,甚至作恶多端,无所不为,不能解除百姓的痛苦。因此,他们之中有些虽然是贤臣,也和那些佞臣一样失去夏国的禄位。

"由于这样,所以成汤能够受到你们四方诸侯的拥戴,代替夏桀做臣民的国王。现在到了你们的国王,不能带领你们四方诸侯永享上天赐予的大命,实在是可叹啊!

"王说告诉你们四方诸侯,并不是上天要舍弃夏国,也不是上天要舍弃殷国,而是因为你们的国王和你们四方诸侯,行为过度放肆,又闭塞了上天的命令,还振振有词地为自己的罪行辩护,所以上天舍弃你们。由于夏国政治黑暗,又不能很好地祭祀上天,所以上天才降下这样的大祸,并让殷国代替夏国。也因为你们商的后王纵情享受,政治十分黑暗、闭塞,祭祀的贡品很不清洁,所以上天才降下这样的大灾给你们。

"虽然本来是贤德的人,但如果不把上天的意旨常常放在心上,就可能变成狂悖而不通事理的人;虽然本来是愚昧无知的人,但如果能把上天的意旨常常放在心上,就可能变成贤德的人。上天为使殷纣悔悟,等待了五年的时间,让他在这五年中继续做国王,但他仍然不考虑、不听从上天的教诲。上天也以这样的想法要求你们四方诸侯,并且大大显示出他的威严,来开导你们考虑上天的命令。只有我们周国的国王,很好地秉承上帝的旨意,广布德教,以德教主持上天所赐予的大命。因此,上天经过选择,把原来给殷的那美好的大命转过来赐给我们,让我们根据上天的命令来治理你们四方诸侯。……"

从上述摘引不难看出,周公的天命观之所以十分强调"人事",强调执行天命的国王要兢兢业业,以德配天,完全是他从夏、殷的灭国教训中总结出来的经验。在周公看来,夏的灭亡不是上帝有意让夏灭亡,而是由于夏的后王不按上帝的意旨去行事,既不把祭祀放在心上,又荼毒百姓,淫逸昏乱,为非作歹,完全抛弃了上帝的重托,故上帝只好将光荣而美好的大命赐给成汤,以"代夏作民主"。同样,殷的灭亡也是因为殷的后王荒淫无耻,政治黑暗。尽管上帝对殷格外仁慈,给了殷纣五年的时间让他悔悟改正,但殷纣仍不思悔改,继续作恶,上帝就不得不灭掉殷,让周来取代之。所以周公认为:"皇天无亲,惟德是辅。"(《左传》僖公五年引《周书》)在周公眼里,天命并不是固定不变的,关键是要看代天行命的国王能否"修德慎罚",勤于朝政。因此周公告诫即将到殷旧地上任的年轻的弟弟康叔(封):"呜呼!肆汝小子封惟命不于常,汝念哉!"(《尚书·康诰》)

综上所述,周公"唯命不于常"的天命观表现出两个显著特征:第一,周公的天命观实现了"神人相分";第二,周公的天命观融入了道德内涵。下面就这两个特征做一下粗浅分析:

首先,为什么说周公的天命观是"神人相分"?"神人相分"的意义何在?如前所述,殷商把上帝视为自己的祖先,因此,上帝崇拜和祖先崇拜是合一的。但是,在周人的祖先崇拜中,从来就没有把自己的祖先视为神或上帝的后裔。周人起源的传说是这样描绘他们的始祖弃的诞生的:弃(后稷)的母亲姜嫄是有邰氏女,有一次,姜嫄在野外踩了巨人的足迹而怀孕并生下一个男孩。她把这个男孩扔到野外,结果出现了许多奇异现象:孩子得到了马、牛和飞鸟的保护,不仅没饿死,反而健康地活了下来。姜嫄以为是神灵在保佑他,便把他抱回家养育。因为曾经抛弃过他,便给他起名为"弃"(后稷)。从弃开始,经过15世的发展,到武王姬发才建立起西周王朝。自公刘迁幽之后,周人一直臣服于殷商。周人不仅崇拜上帝，崇拜自己的祖先，也要崇拜殷人的祖先。据周原甲骨卜辞的记载，文王时还在祭祀商王的先祖成汤和帝辛之父帝乙。另有一片编号为 HII:84 的卜辞记载文王求佑于商先祖太甲，太甲"册（告）周方伯"丰年富足。可见文王当时还只是商朝的一个"方伯"，对商王称臣纳贡，自然也要祭祀商的祖先。无论是周人的神话传说还是甲骨卜辞的记载，以及《尚书·周书》中关于周公言行的记载，都说明周人的上帝崇拜和祖先崇拜是两分的。在周公眼里，上帝并不是殷人的始祖，也不仅仅是殷人的最高主神，而是天下各族人的共同主宰，究竟谁能成为上帝托付"天命"的代理人，要看谁能顺应天命，福佑天下人。这个思想集中体现在周公对殷遗民的诰令和训话中。周公在诰令中分析了天命转移的原因，他说："非我小国，敢弋殷命，惟天不畀允罔固乱，弼我。我其（岂）敢求位，惟帝不畀。惟我下民秉为，惟天明畏。"（《尚书·多士》）就是说，并不是我小小的周国敢随便夺取殷国的大命，而是上天不把大命给那奸佞而又胡作非为的人，所以才辅助我周国。如果不是上帝要给我天命，我岂敢夺殷之位。上帝是英明而威严的，我们下民只有本着上帝的意旨行事。周公接着又分析了商取代夏的原因："我闻曰：'上帝引逸。'有夏不适逸，则惟帝降格，向于时夏。弗克庸帝，大淫泆有辞。惟时天罔念闻，厥惟废元命，降致罚。乃命尔先祖成汤革夏，俊民甸四方。"（《尚书·多士》）就是说，夏王不按上帝意旨行事，放纵自己的行为，又不听上帝的规劝，反而侮慢上帝，所以上帝废除了夏的大命，降下惩罚。于是命令你们的先祖成汤去完成革夏的使命，让有才能的人来治理天下。然后，周公对从成汤到帝乙也做了一番赞赏，称他们无不"明德恤祀""保乂有殷"。但是，在此之后的殷王（纣王）却"诞罔显于天，矧曰其有听念。于先王勤家诞淫厥泆，罔顾于天显民祇。惟时上帝不保，降若兹大丧"（《尚书·多士》）。就是说，纣王欺骗、侮慢于天，更谈不上听从上天的教导了。在先王辛勤建立起来的基业上，大肆奢侈、腐化，根本不把上天圣明的教导和人民的疾苦放在眼里。因此，上帝就不再保佑殷，给殷降下了丧亡的大祸。通过对历史经验教训的分析，周公得出结论："惟天不畀不明厥德。凡四方小大邦丧，罔非有辞于罚。"就是说，天不会把大命赐给那些不努力施行德教的人。凡是四方小国或大国的丧亡，没有不是因为有罪而招致丧亡的惩罚的。

周公对自己的祖先十分尊敬和崇拜，《尚书·金縢》中记载他祭祀"三王"不惜以自己的生命为质。这种祖先崇拜并没有把祖先"神化"，"三王"就是周公和武王的曾祖（太王古公亶文）、祖父（王季季历）、父亲（文王姬发），他们都是人而不是神，他们都艰苦创业、"勤用明德"，可供后人学习、仿效。周公在许多地方都历数了先王的事迹，甚至对于已被神化的殷人的祖先，周公也将之"人化"。如在《尚书·无逸》中，周公对殷王中宗（太戊）、高宗（武丁）生前励精图治的事迹做了详细介绍和高度评价。在《尚书·君奭》中又称赞成汤、太甲、太戊、祖乙、武丁等殷先王实行贤人政治，"故殷礼陟配天，多历年所"。可见，在周公看来，祖先之所以值得崇拜，不是因为祖先是上帝之后，而是因为他们能很好地秉承神意，顺应天命。反之，如果侮慢天命，违背神意，则这样的先王不仅不值得崇拜，反而应该秉承天命结束他的统治。

以上分析说明周公的天命观已实现了"神人相分"。那么，"神人相分"的天命观有何重要意义呢？

第一，"神人相分"是周公"天命转移"论的前提。如果按照殷人的天命观，上帝与殷王是"血缘关系"，那"天命"就不可改变，无论殷王如何为非作歹，他仍然是上帝的后裔，谁也改变不了这种血缘关系。这样一来，周人取代殷人就失去了上帝的支持，违背了天命。只有把上帝这个天上的至上神和人世的最高统治者殷王之间的"血缘纽带"斩断，才能为周人取代殷人继承天命提供神学意义上的支持。这种"天命转移"的思想实际上是周公历史运动发展观的表现。此外，周公

"天命转移"的思想也为以后历代王朝的兴替寻找神学理论支持埋下了伏笔。

第二,"神人相分"的天命观为人的主观能动性的发挥开辟了天地。如前所述,殷人"神人合一"的天命观是一种建立在"血缘关系"基础上的不可改变的绝对天命观,它不仅打破了一般臣民、百姓试图改变命运的幻想,也降低了殷王本人励精图治的主观能动性。从殷商卜辞中可见,上帝除了和殷王保持血缘上的联系外,根本就与人间无任何情感道德上的联系。上帝虽然可以"令雨""令风""降食",但并不是出自对人世的关怀,而是作为自然神行使其职能。相反,上帝还经常"降祸""降堇(馑)"于人世,使世人感到畏惧。李亚农曾指出:"殷人创造的上帝并不单是降福于人。慈悲为怀的慈爱的神,同时也是降祸于人,残酷无情的憎恶的神。"(《李亚农史论集》,561页)其实,在殷人眼里,上帝与他们并无感情上的瓜葛,上帝仅仅是不可捉摸、喜怒无常、高高在上的具有绝对权威的神而已。人在上帝面前只能战战兢兢,俯首听命,还须事事占卜,时时祭祀,谄媚、讨好上帝,避免上帝动怒降灾。殷王也因其独占"天子"地位而不思朝政,沉湎于酒色。人的主观能动性在上帝面前完全被消融殆尽。相反,周公"神人相合"的天命观由于斩断了人世与天国的血缘纽带,神人关系不再是绝对不变的,人要想得到上帝的辅助和恩惠必须通过自己的主观努力。这样,上帝与下帝之间的赐命与受命不再是无条件的了,而必须是有条件的,这个条件就是下帝能否"用康保民","明德慎罚"。周公"以德配天"的思想也就由此而生,而"以德配天"的思想则为人的主观能动性的发挥提供了广阔的天地。

第三,从认识论角度讲,周公"神人相分"的天命论标志着人类抽象思维水平和认识能力的提高。如前所述,殷人"神人合一"的天命观是一种不讲因果联系的绝对的天命论,完全抑制了人的主观能动性的发挥,扼杀了人的理性思维的发展,因而是一种蒙昧主义的天命观。

殷人把鬼神看作是以盲目的必然性统治人类的神秘异己力量,正反映了殷人自己尚处于蒙昧状态的思维水平。周公"神人相分"的天命观则把"天命"和"人事"区分开,尽管其出发点仍然是神的意志(天命),但其落脚点是人的主观努力(人事),这就从殷商蒙昧主义天命观的藩篱中冲破了一道缺口,为开展自觉的理性认识活动争得了一席之地。在此基础上,周公全面总结了夏和殷灭亡的经验教训,详尽分析了"天命"和"人事"的因果关系,力图从中寻找到社会历史运动的客观规律,而且周公已经正确地看到了"人事"才是抓住"天命"的决定性因素。可见,在周公天命论的唯心主义外壳中已经萌发了一点唯物主义和辩证法思想的萌芽了。这正如列宁评价黑格尔的《逻辑学》那样:在这部唯心主义著作中,唯心主义最少,唯物主义最多,矛盾,然而是事实。在以后的论述中,我们将看到的西周以后的唯物主义无神论思想,以及历史运动发展的辩证思想正是在周公开辟的理性主义地盘上生长发展起来的。因此,我们把周公的天命观概括为一种"理性主义的天命观"。

其次,为什么说周公的天命观已融入了道德内涵? 如前所述,在殷商的天命观中,上帝对人世的关系只是一种刻板的、冷冰冰的、恒定不变的呼应关系,神权与王权的合二为一阻断了人的理性思维。天人关系、人人关系被凝固了,作为探究和处理人际关系的道德在这里毫无立足之地。在周公的天命观中,天人关系不再是凝固的,由于"神人相分",在神(天)与人之间有了一个空隙,这就形成了道德萌芽生长的地方,周公"以德配天"的思想由此而生。

周公在《尚书·多士》中说:"惟天不畀不明厥德。凡四方小大邦丧,罔非有辞于罚。"就是说,上帝不会把大命赐给那些没有"德"的人,无论小国或大国的灭亡,都是因为丧德而招致上帝惩罚的。周公进一步分析夏、殷的后王之所以灭亡的原因是:"惟不敬厥德,乃早坠厥命。"(《尚书·召诰》)相反,"自成汤至于帝乙,罔不明德恤祀"

(《尚书·多士》)，所以才能成就其帝业。周公对殷王并不是统统予以否定，而是按其在执行天命过程中是否克慎明德做了区分，这正是周公的高明之处。顺理成章，周取代殷就是因为殷纣王丧德而周文王有德，所以上帝才把天命转移给周人。周公对康叔说："惟乃丕显考文王，克明德慎罚，不敢侮鳏寡，庸庸，祗祗，威威，显民。……惟时怙冒闻于上帝，帝休，天乃大命文王殪戎殷，诞受厥命越厥邦厥民。"(《尚书·康诰》)就是说，由于文王能够崇尚道德而慎用刑罚，不敢欺侮那些无依无靠的老百姓，注意任用那些有才之人，尊敬那些德高望重之人，惩罚那些有罪之人，并让百姓了解他的这种治国之道。这种德行后来被上帝知道了，上帝非常高兴，就命令文王去灭掉殷，代替殷接受其天命，并统治殷的国家和臣民。所以，"非我小国，敢弋殷命，惟天不畀允罔固乱，弼我"(《尚书·多士》)。

在周公的天命论中，不仅接受天命的帝王应具备深厚的德行，就是黎民百姓也应修养自己的德行。如果"我民用大乱丧德"，必然导致"天降威"(《尚书·酒诰》)。周公进一步分析了乱行丧德的根本原因就是酗酒。由于当时酗酒成风，已成为严重的社会问题，所以周公颁布了《酒诰》和戒令，规定诸侯国君只有在祭祀时才可适量饮酒，并告诫臣民包括年轻人不要"湎于酒"，这样才能够避免因酒丧德而"天降威"。可见，周公已把老百姓的德行融入了他的天命论中。

由于在周公的天命论中融入了道德内涵，因而上帝也不再是高高在上的、冷漠无情的神了，上帝已变成一个十分关心人世间黎民百姓疾苦的仁慈的神了。"天视自我民视，天听自我民听"，"民之所欲，天必从之"(《左传》哀公三十一年引《泰誓》)。上帝将根据民情来决定是否从统治者那里收回天命，"天畏(威)棐(非)忱，民情大可见"(《尚书·康诰》)。所以周公引用古人的话来告诫康叔："人，无于水监，当于民监。"(《尚书·酒诰》)就是说统治者不要以水为镜，要以民为镜，要关心子民的疾苦。如何才能了解民情呢？周公指出："君子所其无逸。先知稼穑之艰难,乃逸则知小人之依(隐)。"(《尚书·无逸》)就是说统治者不要贪图逸乐,要先知道种庄稼之艰难,才能在安逸之中了解种田人(小人)的隐情。所以,周公要求成王作为统治者要"无淫于观、于逸、于游、于田,以万民惟正之供"(《尚书·无逸》)。就是说,统治者不要把老百姓的贡税浪费于观赏作乐、游玩田猎上,否则就会遭到老百姓"厥心违怨""厥口诅祝(咒)"。如果真的遭到老百姓的怒骂,那统治者就该"皇自敬德",认真修养德行了。

周公将道德融入天命论中,并用道德来约束君王与臣民,对西周的政治体制产生了极大影响。殷商政治与其蒙昧主义天命观是相适应的,是一种君主专制政治,臣民对君主绝对盲从,君主则不受任何法律的、道德的行为准则的制约。西周的君主虽然也不受法律准则的约束,但受到"以德配天"的道德上的约束,臣民对君主也可以进行道德上的褒贬。君主的绝对权力终于受到道德的约束,君主不能像殷纣王那样只知道饮酒作乐,贪图享受,而必须承担起"用康保民""敬德裕民"和加强自身道德修养,以身作则,以德教来治理人民两项职责。这是用古代宗法伦理思想来改造君主专制政治,开了中国特有的"宗法政治"之先河。这种将政治伦理化的宗法政治思想被后来的儒家所继承,成为一种"德治主义"思想,对中国封建社会产生了极为深远的影响。对此,将在"周公的政治思想"一章中展开分析,此处不再赘言。

三、周公天命观对后世的影响

周公的天命观在蒙昧主义天命观的藩篱中打开了一个缺口,为人的理性思维的发展和人的主观能动性的发挥,开辟了一块地盘。后世各种各样的天命观都是在这块地盘上生长、发展起来的,在不同程度上吸收了周公天命观的某些思想养料,又在不同程度上或批判或发展了周公的天命思想。特别是周公提出的"天命"与"人为"(人事)的关系问题,可以说成为绵延中国几千年的天命世界观的基本问题。根据对"天人关系"问题的不同回答，大体上可以把中国历史上的天命观划分为三大派别，即"天命决定论""非命论"和"尽人事而待天命论"。

首先，我们来分析"尽人事而待天命"的天命观。这是以孔子为代表的儒家天命观对周公天命观的正面继承和发展。

众所周知，孔子一生中最崇敬的人物就是周公。孔子年轻时就十分赞羡"周公之才之美"（《论语·述而》），并不时"梦见周公"（《论语·述而》），还曾亲赴周室考察、学习周礼。周公的天命思想必然对孔子产生了十分重要的影响。当然孔子对周公的思想绝非囫囵吞枣，而是经过自己的细嚼慢咽，消化吸收。对于周公的天命思想，孔子前半生主要是吸收其"重人事"的思想，对"天命"尚处于将信将疑、探索认识的阶段，直到五十岁以后才真正认识到了天命的存在。

孔子出身贫寒，不得不在少年时期就走向社会，自食其力，当了一名吹鼓手，专为贵族举办冠、婚、丧、祭等仪式，并在无礼仪活动时为人家做一些杂役，以维持生活。正如他自己所说："吾少也贱，故多能鄙事。"（《论语·子罕》）他十五岁才"志于学"，由父母托人带他去鲁国学习周礼；十八岁给人看管仓库，后又给人饲养牛羊。孔子不管干什么都"执事敬，与人忠"（《论语·子路》）。他二十岁时母亲去世而回家守丧，并开始办私塾，研究和评议时政，因切中时弊而受到鲁国朝野的注意，颇得人心，后因季孙谗言诬陷而被逐出鲁国。孔子遂来到齐国谋政，这一年孔子二十六岁。这次赴齐未被任用，他只好又回鲁国办学。三十四岁时，孔子又赴周室彻底考察周礼，大大开阔了眼界，赞叹曰："周监于二代，郁郁乎文哉！吾从周！"（《论语·八佾》）此后，孔子名声大为提高，学生也增多。于是，孔子再赴齐谋政，但又未成功，只好又回鲁国治学。鲁定公八年（前502年），阳虎叛乱失败后逃往国外，其部属公山弗扰又在费邑叛乱，并召孔子前往。孔子一直谋政不成，便想利用此次机会到费邑恢复和发展周文化。由于学生子路的劝阻，孔子终于未去，而公山弗扰的叛乱很快就平息了。孔子险些被卷进这场灾难,这一年孔子刚好五十岁。孔子在惊魂未定时,又被鲁定公任用为"中都宰"。正是这种福祸难测的体验,使孔子"五十而知天命",改变了过去"敬鬼神而远之"的态度。孔子提出,君子有"三畏",首先就是"畏天命","不知命无以为君子也"(《论语·尧曰》)。又说:"道之将行也与,命也;道之将废也与,命也。"(《论语·宪问》)

孔子认识到天命存在以后,内心必然是十分矛盾和痛苦的:一方面,天命是非人力所能抗拒的,人只能顺应天命;另一方面,儒家自强不息的精神,"以天下为己任"的责任感又激励着孔子去奋斗,去努力,甚至"知其不可而为之"(《论语·宪问》)。

现代认知心理学认为,人总有一种要保持各种认知间协调一致的趋向和动机。如果认知间产生了不协调,人就会感到紧张或不适,就会产生一种消除这种不协调的内驱力。正是这种内驱力促使孔子在"天命"和"人事"的矛盾冲突中改变了原有的认知态度,尽量消除"天命"和"人事"的对立因素,尽量协调天命和"人事"的统一。经过这种"认知协调",使孔子在六十岁时达到了"耳顺"的思想境界。何谓"耳顺"? 有的学者解释为:"到了六十岁对事情可以不费力地明辨其是非"[1];有的学者则理解为:"六十岁能顺从天命"[2],等等。我们认为,孔子在协调了"天命"与"人事"的矛盾后,把个人的努力与天命联系起来,个人的一切德行不再属于个人,而是代表了上天的意志,"小我"改变成替天行命的"大我"。所以,普通个人十分在意的荣誉、耻辱、命运、幸福等,在已变成"大我"的孔子面前已变得无足轻重了。所以,一切反对自己的逆耳之言,孔子能泰然顺之,一切不利于自己的逆境,孔子能安然处之,这就是"耳顺"的境界。据史料记载,公元前492年,孔子带领学生从卫国到陈国去,在经过宋国国境休息时,宋国大夫桓魋曾因"僭越"行为受到孔子批评,于是带领一班人马赶来报复孔子。孔

---

① 任继愈主编:《中国哲学史》,人民出版社1979年版,第76页。
② 北京大学哲学系一九七〇级工农兵学员撰:《论语批注》,中华书局1974年版,第26页。

子正在一棵大树下休息,他们砍倒了那棵大树,还扬言要杀死孔子。学生们赶紧簇拥着孔子逃离是非之地,岂料孔子镇静自如地说:"天生德于予,桓魋其如予何!"(《论语·述而》)已变成"大我"的孔子早已把个人的生死置之度外,何况他自诩负有上天赋予的圣德和使命呢!在孔子眼里,桓魋不过是一个违反周礼,违抗上天意志的凡夫俗子,能把孔子怎么样呢?尽管如此,学生们怕再惹麻烦,给孔子换了一身普通老百姓的衣服,"微服而过宋"(《孟子·万章上》)。直到出了宋国国境,弟子们才又聚在一起。子贡告诉孔子说,有人见到孔子微服逃跑的狼狈样子,讥讽孔子像一条"丧家之犬"。孔子听到这样的逆耳之言,不仅不为之恼怒,反而嘻嘻一笑道:"形状好坏算得了什么,不过他说我像丧家之犬,倒是真的,倒是真的!"(《史记·孔子世家》)这段史事非常形象地为孔子"六十而耳顺"的说法做了注脚。这一年孔子恰好满六十岁。

孔子五十岁时懂了"天命",六十岁时进入"耳顺"的境界,七十岁时达到了"从心所欲,不逾矩"(《论语·为政》)。也就是个人的思想、行为(人事)与"天命"的要求达到了完全一致。

周公"以德配天"实现了"人事"与"天命"的统一。孔子则是以"礼"(周礼)配天,同样实现了"人事"与"天命"的统一。孔子对周公天命观的一个发展就是把天命从天子的垄断特权中解放出来,普通个人(指君子而非小人)也能"尽人事而待天命",普通个人只要能遵循周礼,按周礼行事,并能"非礼勿视,非礼勿听,非礼勿言,非礼勿动"(《论语·颜渊》),就能合于天命,就能成为君子。

孟子作为儒家的"亚圣",在周公和孔子的天命思想基础上又做了进一步的发展。一方面,孟子直接继承了周公天命观中包含的重视"民情"的思想,并将它发展成一种"民本"思想。孟子认为,"天子不能以天下与人",而是"天与之","天不言,以行与事示之而已"(《孟子·万章上》),就是说,王位的传继不是由天子来决定的,而是由上天来授予的。由于天是不会说话的,所以天的意志是通过老百姓的"行"与"事"来表达的。如果新上任的天子能得到老百姓的拥戴,治理好国家,这就表明上天对他的权力和地位的认可。孟子还援引《尚书·泰誓》的话说:"天视自我民视,天听自我民听。"孟子以"天下之民从之""百姓安之"来解释天意,把"民心"与"天意"统一起来,这是他的"民本"思想在天命观上的反映。另一方面,孟子又将孔子关于普通个人(君子)与天命的联系的思想推进了一步。孟子指出:"匹夫而有天下者,德必若舜禹,而又有天子荐之者,故仲尼不有天下。"(《孟子·万章上》)就是说,匹夫只要有德也可以当天子,继承天命。这本是对垄断天命权的传统王位继承制的公开挑战,遗憾的是,孟子又加上了"天子荐之"的附加条件,从而使匹夫为天子成为空想。匹夫尽管当不成天子,但能担当大任。孟子提出:"天将降大任于是人也,必先苦其心志,劳其筋骨,饿其体肤,空乏其身,行拂乱其所为,所以动心忍性,曾益其所不能。"(《孟子·告子下》)成才、成功,需要经过艰苦的磨炼,这个思想不能不说是深刻而合理的。

此外,在"天命"与"人力"关系上,孟子继承周公、孔子重"人力"的思路,提出了他的"正命"思想。孟子说:"莫非命也,顺受其正;是故知命者不立乎岩墙之下。尽其道而死者,正命也;桎梏死者,非正命也。"(《孟子·尽心上》)孟子的意思是,每个人固然都有人力不能抗拒的命运,但不能因此而胡作非为。尽管人的寿命长短是命中所定,但并非要人们明明看到高墙摇摇欲坠偏要立于其下。真正懂得命运的人对自己的行为是很谨慎的,并努力去"尽其道"(尽人事),最后顺天命而死,这就是"正命"。如果死抱着殷纣王"我生不有命在天"那种命定论不放,必将死于非命。所以在孟子看来,"天命"是非人力所能抗拒或改变的,即他所说的"莫之为而为者,天也;莫之致而至者,命也"(《孟子·万章上》)。但是,如果因此就放弃努力也是错误的,正确的态度应该是"尽人事而待天命"。

最后，孟子在周公"以德配天"、孔子"以礼配天"的思想基础上提出了一条尽心、知性、知天的认识路线，将天道与人性统一起来，形成了他的"天人合一"的传统世界观。孟子说："尽其心者，知其性也。知其性，则知天矣。存其心，养其性，所以事天也。夭寿不贰，修身以俟之，所以立命也。"（《孟子·尽心上》）孟子认为"人心"是"天"给的，"尽心"就是充分发挥人的思维、认识能力去发现和扩充内心固有的"善端"（恻隐之心、羞恶之心、辞让之心、是非之心）。尽心就能知性，即认识人的本性，而人的本性就是"天道"的体现："恻隐之心"体现了"仁"，"羞恶之心"体现了"义"，"辞让之心"体现了"礼"，"是非之心"体现了"智"。通过这样一条认识路线，"天命"就不再是神秘莫测的，而是可以通过"尽心""知性"来把握、认识的了。

荀子作为先秦天人关系思想的总结者，主要是继承了周公、孔子、孟子的重人事、轻天命思想，同时又吸收了老子、宋尹学派自然天道观的思想和墨子的非命思想。

荀子首先把"天"看作是列星、日月、四时、阴阳、风雨、万物等自然变化的现象，否定了"人格神"的天；然后提出"天行有常，不为尧存，不为桀亡，应之以治则吉，应之以乱则凶"（《荀子·天论》），即自然之天是按它的规律运行的，它不因人间统治者的好坏而发生改变，人世间的凶吉主要是由人事（治乱）决定的。所以，荀子进一步提出"明于天人之分"，即认为自然界和人类社会各有自己的职分和规律，天是不会干预人事的。相反，人却可以充分发挥自己的主观能动性去"制天命而用之"。荀子说："大天而思之，孰与物畜而制之；从天而颂之，孰与制天命而用之；望时而待之，孰与应时而使之；因物而多之，孰与骋能而化之；思物而物之，孰与理物而勿失之也；愿于物之所以生，孰与有（佑）物之所以成。故错人而思天，则失万物之情。"（《荀子·天论》）这就是说，与其迷信天的权威去思慕它、歌颂它、等待它的恩赐，不如利用自然、征服自然，使之为人类服务。

荀子的天命思想达到了先秦天命思想的最高峰。其贡献主要在于：其一，将古代具有意志的人格化的"天"还原为自然的天；其二，在"天命"与"人力"关系上，将自周公开始的重人事、轻天命的思想进一步发展为"制天命而用之"。这就更加充分调动了人的主观能动性，沿着这一思想必然通向"人定胜天"。

下面我们来分析以墨子为代表的"非命论"思想。周公的天命观十分强调"人力"，稍将其发展下去必然会导致"非命"思想，其实在周公的言论中已可以隐约看到这种否定天命的思想幼芽。周公在与召公奭的谈话中，针对当时天命论盛行、政事懈怠的状况，明确提出了"天不可信"的观点（《尚书·君奭》）。这个观点对于命定论十分盛行的西周初年来说，可谓是"石破天惊"！虽然这里主要还是强调人为的重要性，而不是对天命的根本否定，但已经向"非命论"迈出了重要的一步。墨子正是顺势将这一思想向前推进了一大步。

墨子一方面承认鬼神，强调"天志"；另一方面却又否认天命，这看起来似乎有点自相矛盾，故有的学者将之归结为有神论的宇宙观和无神论倾向的认识论的矛盾。但这种归结又与"世界观和方法论是统一的"这种说法相悖。其实，在墨子那里，"天鬼"只是徒有其形式，"非命"才是墨子所强调的内容。墨子说："故尚（上）者夏书，其次商、周之书，语数鬼神之有也，重有（又）重之……以若书之说观之，则鬼神之有，岂可疑哉？"（《墨子·明鬼下》）原来，墨子说的"鬼神"不过是继承了书本之说而已。"天鬼"观念作为古代流传下来的、盛行的观念，墨子不可能根本否定，却很巧妙地利用了它，正如他自己所说："我有天志，譬若轮人之有规，匠人之有矩。"（《墨子·天志上》）墨子以"天鬼"为工具，利用"天鬼"能"赏贤罚暴"来保护老百姓的利益和约束统治者的行为，这是墨子"天鬼"思想的独特贡献。既然"天鬼"只是徒有形式，因此，在"天命"和"人力"的关系上，墨子是十分推崇"人力"而批判"天命"的。

墨子针对儒家"生死有命,富贵在天"和"道"之兴废由天意决定的观点,批判说:"执有命者之言曰:命富则富,命贫则贫,命众则众,命寡则寡,命治则治,命乱则乱,命寿则寿,命夭则夭,命虽强劲何益哉?以上说王公大人,下以驵(阻)百姓之从事,故执有命者不仁。"(《墨子·非命上》)墨子认为,命定论使人们在自然和社会变故面前无所作为,又给暴虐之君和不义之人开脱、辩解自己的错误行为提供了借口,所以命定论是"凶言所自生,而暴人之道也"(《墨子·非命上》)。所以墨子非常强调"人力"才是决定命运的力量。墨子分析了历史的经验教训,说:"世不渝而民不易,上变政而民改俗,存乎桀纣而天下乱,存乎汤武而天下治。天下之治也,汤武之力也;天下之乱也,桀纣之罪也。若以此观之,夫安危治乱,存乎上之为政也,则夫岂可谓有命哉?"(《墨子·非命下》)故墨子明确提出:"强必贵,不强必贱;强必荣,不强必辱","强必治,不强必乱,强必宁,不强必危","强必富,不强必贫;强必饱,不强必饥"(《墨子·非命下》)。墨子不仅把"强力"视作决定命运的东西,还进一步把它视作人与动物的根本区别,认为人必须劳动才能求得生存,这就使他的"尚力"思想深及人的本质问题。

墨子"尚力""非命"的思想虽然表达了劳动人民要以自己的努力来冲破传统天命论思想的束缚,改变自己命运的愿望和要求,但在社会实践中,这种"非命"论很难在盛行天命论思想的社会中得以传播和发展。

以老子为创始人的道家学派也继承了周公的天命论思想。在老子的学说中,"天"的至上性已被"道"所取代:"道冲,而用之而又不盈。渊兮!似万物之宗。挫其锐,解其纷,和其光,同其尘。湛兮!似或存。吾不知其谁之子,象帝之先。"(《老子》第四章)显然,作为万物本原的"道"比"天帝"具有更高的至上性。在老子看来,人、地、天、道是一个拾级而上的关系,尽管"天"已退居第二位,但仍远远高于"人"的地位,所以,"人法地,地法天,天法道,道法自然"(《老子》二十五章）。这是老子所浇铸的一种新的"命定论"模式。人和万物在"道"这个无形无声的新上帝面前只能俯首帖耳,听命从事,绝不可有所作为。"天之所恶孰知其故? 天之道,不争而善胜,不言而善应,不召而自来,坦然而善谋。天网恢恢,疏而不失。"(《老子》第七十三章)此处的"天"和"道"又被赋予了人格神的特征,能有所恶、善胜、善应、善谋,并编织了一张广阔的天网,人的一切努力都是徒劳的,谁也无法摆脱天道的控制。这种"命定论"思想导致老子消极无为的政治主张和小国寡民、"使民复结绳而用之"的历史倒退思想。

道家的另一个代表人物庄子发展了老子的命定论,更系统、明确地阐述了天命和人力的关系。

首先,庄子强调了自然界的决定作用,完全排斥了人力的作用。他说:"日月出矣,而爝火不息,其于光也,不亦难乎? 时雨降矣,而犹浸灌,其于泽也,不亦劳乎?"(《庄子·逍遥游》)就是说在日月的光辉之下却打起火把,在下雨的时候却去灌溉田地,人在自然面前不是显得渺小而多余吗? 自然界是崇高的,人力是渺小的,人类只能成为自然界的俘虏,听凭自然界的摆布。

其次,庄子强调了"命"对人生的主宰作用。他说:"死生、存亡、穷达、贫富、贤与不肖、毁誉、饥渴、寒暑,是事之变,命之行也。"(《庄子·德充符》)《庄子·大宗师》讲了这样一件事:子桑穷困潦倒,病倒在家中,其友子舆带着饭菜去接济他,听见子桑"若歌若哭",问其故,子桑曰:"吾思夫使我至此极者而弗得也。父母岂欲吾贫哉? 天无私覆,地无私载,天地岂私贫我哉? 求其为之者而不得也。然而至此极者,命也夫!"这就是说,子桑的贫穷既不是父母之所愿,也不是天地之所为,只能归之为"命"了。庄子还认为,既然人生的一切都是命中注定,企图靠人力去改变命运,到头来只能落得个"终身役役而不见其成功,苶然疲役而不知其所归,可不哀邪"(《庄子·齐物论》)的下场。所以庄子主张"唯命是从",并认为,"知其不强奈何而安之若命,德之至也"(《庄子·人间世》)。把听天由命说成是最高的德行,这是庄子独特的思想。

再次,庄子的生死观也突出地表现了他的宿命论思想。他说:"死生,命也;其有夜旦之常,天也。人之有所不得与,皆物之情也。"(《庄子·大宗师》)把生死看成像白天黑夜的更替一样自然,是人力不能左右的。坦然面对生死,本无可指责,庄子却从宿命论的立场把这种态度推向极端,以致他的妻子死了,他非但不悲痛,反而"鼓盆而歌"。在《庄子·大宗师》中记载了这样一件事:子桑户死了,他的朋友孟子反、子琴张不帮助办理丧事,反而在尸体旁弹琴唱歌。孔子派子贡前去帮助办理丧事,子贡责怪他们不懂得礼,他们反而讥笑子贡不懂得"礼"的本来意义。子贡回去告诉孔子那些人一点修养德行也没有。孔子感叹说,他们(庄子及其门生)是游荡于人世之外的人,而我则是周游于人世之内的人,人世内、人世外互不相干,我却派你去吊唁,这是我的浅陋无知!可见,人之常情已被庄子的宿命论消融得一干二净。庄子自己也说:"有人之形,无人之情。有人之形,故群于人;无人之情,故是非不得于身。"(《庄子·德充符》)不为世俗之情所累,以避免是非之祸沾身,真可谓"独善其身"。所以,荀子批评庄子"蔽于天而不知人"(《荀子·解蔽》),是很有道理的。

以上我们分析了先秦时期的三种天命观思想,它们都是发端于周公的天命思想,并对此后整个中国封建社会产生了极为深远的影响,限于篇幅,不再赘述。

第三章　周公的政治思想
——由"君权神授"到"以德治国"

　　中国古代政治思想起源于商代。现存于《尚书·商书》中的五篇文献,记载了殷商统治集团对政治的基本观点。在商人的观念里,对上帝和祖先的崇拜具有核心的地位。因此,商代最高统治者直接把神权和君权结合起来,宣扬君权神授,完全靠宣扬上帝意旨和残酷的刑罚进行统治。这种纯粹的神权政治观伴随着商的灭亡而趋于动摇。既然商代的政治思想已不能维护其王朝的生存,那么,周代在政治思想上就必然要改弦更张。正是在周初政权尚不稳固之时,为奠定新政权的永恒基业,周公创造性地提出了解决政治难题的新方法,从而形成了其独特的政治思想体系,由此也奠定了周公作为中国古代思想史上第一个著名政治思想家的突出地位。

一、推崇德政

　　周公推崇德政,即"敬德"的思想,是他对商代天命观进行系统反思的结果。殷商王朝的最高统治者是十分迷信天命的。当王朝即将覆亡之际,商纣王还在为非作恶,并且自信有命在天,不会败亡。然而,商王朝最终还是被新兴的周人灭亡了。周取代商的历史巨变,促使作为新一代王朝核心领导人的周公不得不重新审视政权的得失与天命间的关系。在当时特定的历史条件下,周公是不可能完全抛开天命论的。这既有认识论的根源,也有政治策略上的考虑。面对满脑子天命意识、不甘失败的殷遗民,周公还需要用天命观来论证西周新政权出现的合法性。他对这些亡国之民说:"非我小国,敢弋殷命,惟天不畀。"(《尚书·多士》)意思是说,不是我小小的周国敢于取代殷的天命,而是上帝不把天命给他们。事实上,他仍然利用商人对"天"的崇拜,用天命规劝商人接受既成事实,服从周的统治。

但是,为什么天命不再眷顾商而选择周呢?这的确是一个必须在逻辑上能够自圆其说的难题。

周公由此提出了一个"德"的范畴来解决这一难题。他指出,商亡国的根本原因在于不推崇德政,"惟不敬厥德,乃早坠厥命"(《尚书·召诰》)。意思是说,我只知道他们不重德行,才过早地失去了他们所承受的天命。

我们从《尚书》中的几篇《商书》文献来看,除了《高宗肜日》一篇,因为出自殷亡之后的遗民之手,受到周代影响,出现过"德"字以外,其余各篇都未出现过"德"字。商代统治者完全是用上帝和祖先灵魂的权威来进行统治。在施行暴政时,他们完全通过向上帝"问卜"的结果来决断,根本不考虑"德"与"不德"的问题。如此看来,"德"范畴的提出,的确是周公在政治思想上的一个新发明。

周公总结历史,得出了天命与德政相一致的结论,即"皇天无亲,惟德是辅"(《左传》僖公五年引《周书》)。在他看来,过去商王朝的天命之所以能够长期延续,正是他们那时推行德政的结果。他说:"天惟纯佑命,则商实百姓、王人,罔不秉德明恤。小臣、屏侯甸,矧咸奔走。惟兹惟德称,用乂厥辟,故一人有事于四方,若卜筮,罔不是孚。"(《尚书·君奭》)意思是说,上帝用贤良教导下民,于是,殷商异姓和同姓的官员们,确实没有人不保持美德、知道谨慎。君王的小臣和诸侯的官员,也都奔走效劳。这些官员是依据美德被推举出来,辅助他们的君王的,所以君王对四方施政,如同卜筮一样,没有人不相信。

按照这个逻辑,周公指出,只要丧失德政,任何人都将失去天命。他说:"惟天不畀,不明厥德凡四方小大邦丧,罔非有辞于罚。"(《尚书·多士》)意思是说,上帝不把天命给予不勉行德政的人,凡是四方小国、大国的灭亡,无不是因怠慢上帝而被惩罚。

为了从逻辑上论证新王朝比之于前代王朝的优越性,周公突出了周族祖先的德业。他对其弟康叔说:"惟乃丕显考文王,克明德慎罚,不敢侮鳏寡,庸庸,祗祗,威威,显民。用肇造我区夏,越我一二邦,以修我西土。惟时怙冒闻于上帝,帝休,天乃大命文王殪戎殷,诞受厥命越厥邦厥民。惟时叙,乃寡兄勖,肆汝小子封在兹东土。"(《尚书·康诰》)意思是说,只有你英明的父亲文王,才能崇尚德教而谨慎地使用刑罚,不敢侮辱那些无依无靠的人,任用那些应当受到任用的人,尊敬那些应当受到尊敬的人,镇压那些应当受到镇压的人,并且把这些德行在人民中传播。这样,就缔造了我们小小的周国,并且与几个友邦共同治理我们的西方。文王的德行和成就被上帝知道了,上帝非常高兴。就降大命于文王。灭亡大国殷,取代其天命,统治其国其民,这些功绩又是你的长兄武王努力所致,这才有了你这样的年轻人受封昔日殷土的结果。

在周公与召公的一次谈话中,他接受了后者关于施德政的劝告,表示要延续文王的德业。他说:"我道惟宁王德延,天不庸释于文王受命。"(《尚书·君奭》)意思是说,我只想把文王的德政发扬光大,上帝将不会抛弃文王所接受的天命。

周公不仅自己奉行德政,还谆谆告诫成王、康叔等人大力推行德政。

周公告诫成王要以夏、商不重德行的教训为鉴。他说:"我不可不监于有夏,亦不可不监于有殷。我不敢知曰:有夏服天命,惟有历年;我不敢知曰:不其延。惟不敬厥德,乃早坠厥命。我不敢知曰:有殷受天命,惟有历年;我不敢知曰:不其延。惟不敬厥德,乃早坠厥命。今王嗣受厥命,我亦惟兹二国命,嗣若功。"(《尚书·召诰》)。意思是说,我们不可不鉴戒夏代,也不可以不鉴戒殷代。我不敢说,夏的国运不会延长。我只知道他们不重视行德,才过早失去了他们的福命。我不敢知晓说,殷接受天命有长久时间。我也不敢说,殷的国运不会延长。我只知道他们不重视行德,才过早失去了他们的福命。现在成王你继承了治理天下的大命,我们也该思考这两个国家的命运,继承他们的功业。

周公殷切希望成王努力奉行德政。在营洛期间,他始终围绕施德政这一主题对成王进行教育。他多次反复强调"敬德"的迫切性:"王敬作所,不可不敬德","肆惟王其疾敬德! 王其德之用,祈天永命","其惟王位在德元,小民乃惟刑用于天下,越王显"(《尚书·召诰》)。意思是说,成王你要以身作则,不可不敬重德行! 现在成王你该加快推行德政! 只有根据道德行事,才能祈求天命长久! 希望成王你居天子之位而有圣人之德,老百姓就能效法而施行于天下,发扬你的美德了。

周公在把治理殷遗民这项艰巨的工作交给自己深为信任的同胞弟弟康叔以后,反复告诫后者在殷故地要重视推行德政,以巩固周的统治。他说:"先王既勤用明德,怀为夹,庶邦享作,兄弟方来,亦既用明德。后式典集,庶邦丕享。皇天既付中国民越厥疆土于先王,肆王惟德用,和怿先后迷民。"(《尚书·梓材》)意思是说,我们的先王都曾努力推行德政,各国都主动来做助手,诸侯们也都纳贡称臣,这些都是因为推行德政的缘故。诸侯国君们经常聚在一起,纳贡称臣,将会引来更多的诸侯纳贡称臣。上帝既然把中国的臣民和疆土都托付给了先王,今王也只有推行德政,才能教导殷遗民中的那些顽固分子,使之服从我们的统治。

周公在号召施行德政时,也没有全盘否定先代的一些优良传统。他要求受封殷地的康叔,一定要学习殷代好的经验。他说:"爽惟民迪吉康,我时其惟殷先哲王德,用康乂民作求。"(《尚书·康诰》)意思是说,老百姓要受到教化才会善良安定,我们时时要思念殷代圣明先王的德政,并用来安治殷民,作为法则。

　　周公关于推行德政的思想,造就了周代政治制度与政治思想的一大特色。直到西汉时,汉宣帝刘询还说:"奈何纯任德政,用周政乎!"(《汉书·元帝纪》)可见,一千年以后,人们对周代德政仍记忆犹新。由此可知,周代德政影响甚巨。

　　儒家创始人孔子对施行德政的思想也很推崇。他说:"为政以德,譬如北辰,居其所而众星共之。"(《论语·为政》)意思是说,用德来治国,就会像北极星一样,自己安稳地坐在位置上,别的星都环绕着它。他提出,政治应以道德教化为主,刑罚为辅。他说:"道之以政,齐之以刑,民免而无耻;道之以德,齐之以礼,有耻且格。"(《论语·为政》)意思是说,用政法来诱导百姓,用刑罚来整治百姓,百姓只能暂时克制自己,而不知犯罪是极为可耻的事情;用道德来诱导百姓,用礼法来整治百姓,他们不但有廉耻之心,而且言行归于正道。他还把政治的实施过程看成是道德的感化过程。他说:"政者,正也。子帅以正,孰敢不正?"(《论语·颜渊》)意思是说,政治的本意就是端正,你带头端正行为,谁能不端正呢? 孔子还说:"其身正,不令而行;其身不正,虽令不从。"(《论语·子路》)意思是说,统治者本身行为正当,不发命令,事情也行得通;他本身行为不正当,即使三令五申,事情也行不通。

　　孔子的德政思想直接源于周公的德政思想。孔子本人所生活的鲁国,作为周公当年的封国,在周室衰微、礼崩乐坏的春秋时期,仍然完整地保留了大量的周公当年所制定的礼仪制度和思想资料。据《左传》记载,闵公元年(前659年),还有人说过鲁"犹秉周礼"的话。直到孔子出生十余年之后,晋平公还派韩宣子来鲁国学习周朝的礼仪制度。当韩宣子读到《易经》《鲁春秋》等典籍时,赞叹道:"周礼尽在鲁矣。吾乃今知周公之德,与周之所以王也。"(《左传》昭公二年)孔子是"信而好古"之人,他十分注意学习古代典籍,这些典籍肯定也包括大量今已亡佚的周代文献。孔子对周公的政治思想自然是非常熟悉的。他十分崇敬周公,《论语》中几次提到孔子"入太庙,每事问",这里的太庙是祭祀鲁国始祖周公的庙,孔子入太庙,任何事情都要请教,说明他对周公极为敬重,对周公的学说十分推崇。孔子对周公所开创的周代文化是十分赞赏的。他说:"郁郁乎文哉,吾从周!"同时,他又表现出对周公之道难以为继的感伤与无奈:"呜呼哀哉!我观周道,幽、厉伤之,吾舍鲁何适矣!鲁之郊禘,非礼也,周公其衰矣!"(《礼记·礼运》)因此,我们可以说,孔子的儒家政治思想在一定意义上是对周公政治思想的继承和发扬。其推崇德治的思想,就是周公德政思想的具体化和深化。

儒家另一代表人物孟子,则把孔子的德政思想进一步发展为"仁政"学说,使之变为一套系统的政治思想。孟子强调仁义在治国中的特殊作用。他说:"以力服人者,非心服也,力不赡也;以德服人者,中心悦而诚服也,如七十子之服孔子也。"(《孟子·公孙丑上》)他的仁政,从根本上说,就是要做到"老吾老,以及人之老,幼吾幼,以及人之幼"(《孟子·梁惠王上》),即将扶老慈幼等道德原则由近及远地推广到全体成员身上,用道德教化去争取人民的服从和拥护。这就进一步把周公以来的德政思想,从理论和实践方面都大大深化和具体化了。孟子政治理论的突出特点在于,它从主体自身方面强化了"德"的自觉意识,把"德"本体化,这就为统治阶级推行"德政"打下了坚实的基础。因此,孟子的仁政思想,对后世儒家学派的思想长期充当统治阶级的理论工具起到了十分关键的作用。在以后的历史进程中,德治的思想始终压倒刑治的思想。宋明理学家们则进一步把周公、孔子、孟子以来的儒学奉为一以贯之的"道统",二程等人当仁不让地以周公等人的继承人自居。程颢在为程颐写的墓志铭中说:"周公没,圣人之道不行;孟轲死,圣人之学不传。……先生千四百年后,得不传之学于遗经,志将以斯道觉斯民。"(《河南程氏文集》卷十一)从二程的政治学说来看,的确与周公的德政学说一脉相承。二程说道:"圣人为治,修刑罚以齐众,明教化以善俗。刑罚立则教化行矣,教化行而刑措矣。虽曰尚德不尚刑,顾岂偏废哉?"(《河南程氏粹言·论政》)中国古代政治理论的德政学说传统,从周公起,经由孔子、孟子,再发展至宋明理学家,这一线索基本上可以说是一脉相承的。

二、倡导任贤

在对夏、殷以来的天命观产生怀疑的前提下,周公把政治从天上拉回到人间,把思考政治问题的着眼点从"天"转移到"人"。周公虽然表示仍然要"念天威",但更重视事在人为。因此,周公的政治思想一改商代重天命、轻人治的状况,变为强调人事,提倡任贤。

周公通过对历史经验教训的总结和分析,向人们揭示了任用贤才的重要性。他历数了殷商王朝鼎盛时期任用贤才的情况,指出:在商成汤、太甲时期,有著名的伊尹为贤相;在太戊时期有伊陟、臣扈和巫咸等几位贤臣辅佐;在祖乙时期,有巫贤这样的贤相;在武丁时期,有甘盘这样著名的人物做贤臣。周公总结说:"率惟兹有陈,保乂有殷,故殷礼陟配天,多历年所。天惟纯佑命,则商实百姓、王人,罔不秉德明恤。小臣、屏侯甸,矧咸奔走。惟兹惟德称,用乂厥辟,故一人有事于四方,若卜筮,罔不是孚。"(《尚书·君奭》)意思是说,由于有这些有道的人安定、治理殷国,因此君王死后,他们的神灵才能配天称帝,殷人的统治才能延续许多年代。上帝只帮助有贤德的人,殷商的小臣和诸侯没有不谨慎地为殷王奔走效劳的。群臣是依据美德而被推举出来,辅佐他们的君王的。所以君王向四方发出号令,就好像卜筮一样灵验,人们没有不相信的。

周公的这些论断,虽然仍未摆脱天命观的影响,没有完全排除上帝的地位,但它是有史以来第一次把人的因素作为分析历史事件的一项要素,突出了贤能的人对于治理国家的重要作用。因此,这一观点具有明显的进步性。

周公也以同样的观点恰如其分地分析了周的兴起。他说:"在昔上帝割申劝宁王之德,其集大命于厥躬? 惟文王尚克修和我有夏;亦惟有若虢叔,有若闳夭,有若散宜生,有若泰颠,有若南宫括。"(《尚书·君奭》)意思是说,过去上帝为什么一再嘉勉文王的品德,并且还降大命于他身上呢? 因为只有像文王这样有道德的人,才能把中国治理好啊! 同时也因为文王有虢叔、闳夭、散宜生、泰颠、南宫括这些贤明的大臣。他还说:"武王惟兹四人尚迪有禄。后暨武王诞将天威,咸刘厥敌。惟兹四人昭武王惟冒,丕单称德。"(《尚书·君奭》)意思是说,武王在位时,文王时的四个贤臣仍然保持着他们的禄位。后来,武王奉行上帝命令征伐殷商,他们又辅助武王消灭了他们的敌人。也正是因为这四人辅助武王很努力,才使普天下的人们称颂武王的德业。

周公同时也清醒地意识到,一旦不能任用贤能的人,即使曾经十分强盛的政权,也将招致失败的命运。他总结了夏、殷两代从盛到衰直至最后灭亡的过程,得出不能任用贤才乃其最终覆亡的根本原因。

周公分析道:古代夏朝的君王,即使他们的卿大夫很强,他们还呼吁这些人尊重上帝的教导,相信九德的准则("九德"即《尚书·皋陶谟》中所提出的"宽而栗,柔而立,愿而恭,乱而敬,扰而毅,直而温,简而廉,刚而塞,强而义")。他说,官员们各司其职,负责管理政务的能够认真考虑臣民是否安居乐业,负责司法的能够认真考虑执法是否公平合理。由于他们认认真真地做好工作,因此得到了国君的信任。假如不是这样,只看表面现象,不根据德行而是根据个人好恶去用人,那么就不会得到贤能的人的辅佐。但是,夏朝末代君王夏桀即位后,不任用老成持重的旧人,只用暴虐的人,最终导致亡国。

他还说,商代开国之君成汤登上帝位以后,得到了天命。成汤从政务、理民、执政三方面考核官吏的成绩,以此证明哪些官吏们能忠于职守。又从这三方面选拔人才,结果证明那些获得信誉的贤人,的确有德才而不是徒具虚名。从此,殷商便从这三方面严格地选用贤人。

由于这样，那些被选在商都供职的人，都能很好地对待他们的臣民；那些被选在四方供职的人，也都能根据大法办事，从而表现出他们固有的德行。到了商纣王登上帝位，他只知道任用失去德行的人，以致整个国家上行下效，把所有地方的政治搞得一片混乱。上帝便重重地惩罚他，让周王代替商纣王接受天命，以安抚、治理天下的老百姓。

周公十分重视周文王和周武王时期任用贤才的成功经验。他说："文王惟克厥宅心，乃克立兹常事司牧人，以克俊有德。文王罔攸兼于庶言。庶狱庶慎，惟有司之牧夫是训用违。庶狱庶慎，文王罔敢知于兹。亦越武王率惟敉功，不敢替厥义德，率惟谋从容德，以并受此丕丕基。"（《尚书·立政》）意思是说，由于文王能够十分注意考核官员们的心地，所以能够正确任用贤人负责政务、法律、管理臣民等方面的事情，把那些有德的贤人选拔出来，加以任用。文王从不代替他的大臣发布命令。处理监狱以及管理臣民等方面的事情，都是根据有司和牧夫这些有关的负责官员的意见。对于这些事情，文王是从不加以不适当的干预的。到了武王时期，他完成了文王未竟的事业，却不敢废弃文王所立下的选拔人才的制度，只是努力继承文王宽容的美德，因此，我们周族才能共同接受这伟大的基业。

周公系统地阐述了他关于人治、任人唯贤的思想。

首先，他强调人治是周朝命运永继的基础。他对召公说："若天棐忱，我亦不敢知曰其终出于不详"，"我亦不敢宁于上帝命，弗永远念天威。越我民罔尤违，惟人"（《尚书·君奭》）。意思是说，顺从上帝的意志，任用诚信的人，我也不敢说我们周朝的结局会出现不吉祥。我也不敢安于上帝的命令，不去时常考虑上帝的惩罚。我们的民众不会无缘无故产生怨恨情绪的，一切都在人为啊！

其次，他强调老臣们一定要在选贤任能方面发挥表率作用。在《尚书·君奭》中，他对召公说，我如果问你："襄我二人，汝有合哉（除了你我二人，还有和你志同道合的人吗）？"你一定会说："在时二人

（只有我们两人）。"但是，"天休兹至，惟时二人弗戡。其汝克敬德，明我俊民，在让后人于丕时。"意思是说，上帝降给我们的美好的事情越来越多，仅仅靠我们两人不能胜任了。希望你能够敬贤重德，提拔杰出人才，使后人能很好地继承前人的传统。

再次，他反复告诫成王，一定要把提拔重用贤人作为为政之要。他说："我则末惟成德之彦，以乂我受民"，"继自今立政，其勿以憸人，其惟吉士，用劢相我国家"，"继自今后王立政，其惟克用常人"（《尚书·立政》）。意思是说，我们应该始终如一地发挥贤士们的作用，来治理好我们的国家。从今以后，成王你如果提拔官员，必须任用贤人。

周公不仅提倡尚贤，而且自己也在从政实践中身体力行。著名的"周公吐哺"的故事，就是一个生动的例子。

周公关于任贤的思想，在周初那个特定的时代被提出来，是一个了不起的理论成就。首先，它突破了纯粹天命论的束缚，肯定了上帝的意志并不是决定国家兴衰成败的唯一因素，人为因素也是一个重要的原因。虽然他还没能完全离开上帝来论证问题，但在殷商神权思想盛行之际，能够怀疑上帝的权威，就已是难能可贵的贡献。其次，尽管周公不可能从根本上摆脱"封藩建卫""任人唯亲"传统的束缚，但应该说他在一定程度上打破了政治权力分配中的单纯宗法原则，在一定程度上克服了由"尊尊亲亲"的宗法伦理所带来的用人唯亲的弊端。因此，周公的任贤思想，在政治思想史上具有一定的进步意义。

周公的任贤思想，对于儒家人治和用人唯贤思想的形成产生了重要的影响。儒家学者十分重视依靠君主和各级官吏个人的能力、威信和影响来进行统治，尤其重视在人才选拔上的选贤任能和德才兼备。在他们看来，"文武之政，布在方策，其人存，则其政举；其人亡，则其政息"（《礼记·中庸》）。孔子以来的儒家学者，无不把考察选贤任能的情况作为关乎治国之好坏的一项重要活动。孔子说："举直错诸枉，则民服；举枉错诸直，则民不服。"（《论语·为政》）意思是说，提拔正直的人放在邪恶的人之上,百姓就服从了;若是提拔邪恶的人放在正直的人之上,百姓就不会服从。孟子也主张"尊贤使能,俊杰在位"(《孟子·公孙丑上》)。荀子也说"有治人,无治法"(《荀子·君道》)。这表明,在是否以贤能作为选拔任用官吏的标准上,儒家学派与周公是一脉相承的。

受周公以来选贤任能思想的影响,历代封建王朝较开明的最高统治者和杰出政治家,都十分重视任用贤才。汉武帝就十分重视求贤,强调"进贤受上赏,蔽贤蒙显戮"的赏罚原则。曹操也非常努力地招贤纳士,并且还十分赞赏周公礼遇贤士的行为,写下了"周公吐哺,天下归心"的诗句。诸葛亮也说:"治国之道,务在举贤","亲贤臣,远小人,此先汉所以兴隆也;亲小人,远贤人,此后汉所以倾颓也"。李世民更是求贤若渴,他说:"朕之授官,必择才行。若才行不至,虽朕至亲,亦不虚授。"这说明,周公的人治、任贤思想,对中国古代政治起到了一定的积极作用。

三、力言保民

中国古代关于重民的思想出现得很早。据《尚书·盘庚》记载,商朝第二十位君王盘庚已提出不能过度剥削民众的主张。该文中出现了"重我民""罔不惟民之承""施实德于民"及"视民利用迁"等文字,这表明商代的最高统治者已开始觉察到民众的重要性。但是,综观有商一代,由于天命论的盛行,其最高统治者始终坚信,自己的权力是上帝赋予的,因此根本不用考虑民众的意志。他们对人民的反抗,总是毫无顾忌地实行残酷镇压。就拿商王盘庚来说,他虽然也提出要"重我民",但在动员百姓迁都时,还是动辄以上帝的意志来威吓民众,宣称谁不和他同心就是违背上帝的意志,就会受到惩罚。他威胁说,谁要是不服从他的统治,为非作歹,他就要"劓殄灭之,无遗育,无俾易种于兹新邑"(《尚书·盘庚》)。也就是说,他将会大开杀戒,并且还要斩草除根,让他们的后代在新都里留下来。故有商一代,民众并无真正的地位。

周王朝的统治者们在灭商的过程中,有意识地以民意和天命相抗衡,为推翻殷商王朝的统治做舆论上的准备。在今已亡佚的周武王和吕尚于灭纣之前所作的《泰誓》中,就提出了"天视自我民视,天听自我民听"(《孟子·万章上》)的观点。其意思是说,百姓的眼睛就是天的眼睛,百姓的耳朵就是天的耳朵。同时,他们还提出"民之所欲,天必从之"(《左传》襄公二十一年引)的观点。这些思想对于发动民众,推翻商王朝的残暴统治,起到了增强信心的作用。

周公从商亡周兴的历史事件中,尤其是从商纣军队中大批奴隶临阵倒戈而直接导致"大国商"一朝覆亡的事实中,感受到了民众的力量。因此,周公较深刻地意识到保护民众利益和注意人民呼声的问题。在周公所作的《大诰》《康诰》《洛诰》《无逸》《召诰》等诸诰中,"民"字频繁出现。"保民"的思想成了德政的核心内容。"保民"就是其德政的具体体现,离开"保民",就谈不上施德政。

出于对天命论的怀疑,周公提出了要考虑人民的民情、民意来治理国家的思想。他说:"天畏棐忱,民情大可见,小人难保。"(《尚书·康诰》)意思是说,上帝是可怕的,他是不是诚心地帮助你,可以通过民众的情绪表现出来,小人是难以治理的。他还用古人的"人无于水监,当于民监"(人不要以水当镜子照自己,要以人民当镜子照自己)的名言来告诫康叔,要注意了解民意。在《尚书·召诰》中,他提出了"用顾畏于民岩"的警告。意思是说,要畏惧人民的反对。

由于殷周之际天命论统治地位的确立,周公还不可能完全抛开天命来论述保民问题。他把保民与天命结合起来。他在东征之前说过"今天其相民"(《尚书·大诰》)的话。意思是说,上帝是帮助老百姓的。按此逻辑,保民就可永续天命。因此,他对胞弟康叔说:"惟命不于常,汝念哉!无我殄享,明乃服命,高乃听,用康乂民。"(《尚书·康诰》)意思是说,天命是可变化的,你一定要记住啊! 不要因为没有把国家治理好而绝了我们的社稷。要努力完成你的责任,经常听取我给你的教导。只有把民众治理好了,我们的国家才能得到安康。

从维护政权的长治久安着眼,周公把"保民"作为其施行德政的首要任务。他不厌其烦地谆谆告诫年轻的统治者们,要把保民作为一项重要职责。在《尚书·康诰》中,他对康叔提出了"乃服惟宏王应保殷民""若保赤子,惟民其康乂"等要求。在《尚书·梓材》中,他对成王提出了"欲至于万年,惟王子子孙孙永保民"的要求。在《尚书·召诰》中,他又对成王说:"欲王以小民,受天永命。"

周公的保民思想在后世儒家那里得到了继承、丰富和发展。孔子提倡重民、富民,他说:"所重:民、食、丧、祭。"(《论语·尧曰》)意思是说,所重视的是:人民、粮食、丧礼、祭礼。在他认为应重视的几件大事中,人民是居第一位的。《论语》记载:"子适卫,冉有仆。子曰:'庶矣哉!'冉有曰:'既庶矣,又何加焉?'曰:'富之。'"说的是孔子到卫国去,冉有替他驾马车。孔子说:"卫国人口好稠密呀!"冉有说:"人口多了,又该干什么呢?"孔子说:"让他们富足。"孟子进一步提出了"民贵君轻"的民本思想。他说:"民为贵,社稷次之,君为轻。"①(《孟子·尽心下》)他很明显地继承了周公的保民思想,因而提出了"保民而王"的主张。他说:"得乎丘民而为天子。"(《孟子·尽心下》)意思是说,得到老百姓的欢心便可以做天子。反之,"暴其民,甚则自弑国亡,不甚则身危国削"。他举例说:"桀纣之失天下也,失其民也。失其民者,失其心也。得天下有道:得其民,斯得天下矣。"(《孟子·离娄上》)

不仅儒家重视民的地位,道家也十分关注民的重要性。道家创始人老子说:"无常心,以百姓为心",又说:"百姓皆注其耳目,圣人皆骇

---

① 此处"贵"应为"重"之意,意即处理老百姓的事头等重要,君王个人的事最轻。学术界有人把"民贵君轻"抬高为"群众史观",认为人民比君王更珍贵,应属误解。

之"(《老子》第四十九章)。

秦汉以来的中国政治文化,基本上贯穿着周公以来的保民、民本传统。各代开明君主和进步政治家、思想家都倡导重民、利民、取于民等观点。这是一股与君主专制相抗衡的进步思潮,构成了推动中国古代政治文化前进的重要精神力量。

四、宗法政治

中国的奴隶社会是在上古氏族社会基本上没有瓦解的情况下产生和发展的,这与古希腊的西方式奴隶制度是有区别的。古希腊由于地处地中海沿岸,便利的交通条件使他们较早就从事商业活动,因经商而频繁迁移的结果使其氏族组织迅速解体,血缘纽带迅速断裂,因而古希腊文化较早就完成了从血缘政治到地缘政治的转变。而中华民族自古以来都是以农耕为主的民族,由此对土地十分眷恋,"固土重迁"。这样一来,氏族社会遗留下来的、主要由血缘家族组合而成的农村乡社,也就能够世代沿袭下来。在整个夏、商、西周时期,中国虽然已进入奴隶社会,但血缘组织始终没有解体。

有夏一代,中国虽已进入奴隶制国家阶段,但国家机器简单,并不向归属于它的氏族组织直接派遣官吏,而是利用原有氏族和部落的血缘关系,由原来的酋长治理。其余部落与夏部落的关系,由部落联盟关系转变为朝贡关系,即隶属关系。因此,夏代政治带有相当浓厚的血缘关系色彩,具有一定的宗法政治的特点,但中央与地方的关系极为松散,地方对中央王朝的关系主要表现为纳贡。

商在政治体制上采取了"内服"和"外服"相结合的统治方式。"内服"是指王畿以内的地区,由商王直接进行统治,设有"百僚"和"百辟"等官职,具有较多的地缘关系特征;"外服"是指王畿之外的分封区。受封者有商王诸子,也有功臣和夷族首领。封国诸侯中有自己的统治机构和地方武装,他们接受商王的统治与封号,其封国可以世袭。他们有为商王戍边、随王出征、纳贡服役、朝觐祭祀等义务，但分封诸侯们在其领地上有高度自治权。商代政治带有一定的宗法色彩，特别是在商代后期更为明显。只是由于商王朝最高统治者们始终相信君权神授，总是动辄以上帝的意志作为镇压反抗的依据，因此，他们并不把血缘关系这个维系统治集团内部团结的特殊纽带作为政治生活的第一要素。这样一来，商代政治只具有宗法制度的初级形式，还远未成熟。

西周初期，周人的血缘组织基本上没有解体。"小邦周"战胜"大国商"以后，仅五万人武装的周人难以对辽阔的疆土进行牢固的统治。在这种危急的局势之下，周武王和周公选择了以维护血缘关系为目的的宗法制度作为周代政治的一大法宝。

周公之所以选择宗法政治，也是在怀疑天命观之后所产生的必然结果。由于把上帝与祖先神灵分开，神的地位和作用大大下降，于是氏族、部落间的血缘关系就成了政治生活中的最高权威。因此，维系人们原有的血缘关系，就有助于"保民"。为了达到这一目的，周公把商代后期已得到初步发展的宗法制度加以完善，使之最终定型，确定为周代政治制度的核心内容之一。

所谓宗法，就是以家族为中心，按血统远近区别嫡庶和亲疏的法则。周公所制定的宗法政治制度主要包括嫡长子继承制、分封制和宗庙继承制。

嫡长子继承制确立了嫡长子在继承权力、财产和主持祭祀等方面相对于其他兄弟的优先权。以今天的观点看，它所反映的是一种法律关系。但在周初，平民和奴隶是没有什么东西可以传给后代的，因此它主要是周代贵族在进行权力分配时的一种政治规则，尤其是处理周天子与诸侯之间的关系时所必须遵守的规则。在周代的分封制中，就充分体现了这一点。

在周初主要由周公所大力推行的分封制，其实际意图就在于以宗法为核心,按照血缘关系的亲疏远近,封藩建卫。按照分封规则,周天子是天下大宗,他的嫡长子为宗子,是王位继承者。庶子是小宗,但在其封国内又是大宗。他们的嫡长子继承封国,其余诸子被封为卿大夫。卿大夫分得土地作为采邑(同时也得到附属于土地上的人民)。卿大夫由嫡长子继承其采邑,其余诸子又被封为士。卿大夫对诸侯而言为小宗,对其所封之士而言又为大宗。这样,逐级分封,确立彼此间的隶属关系,下对上承担一定义务。比如,诸侯向周天子担负镇守疆土、捍卫王室、交纳贡赋、朝觐述职等义务。

从表面看,商、周分封制是相同的,但是,周公所推行的分封制却是建立在相当完备的宗法制度基础之上的。从政治关系看,周天子成为天下之共主,对诸侯直接进行控制,不同于殷商时期王朝对封国的宗主式关系。从宗法关系看,周天子是天下的大宗,君主之位由嫡长子世代继承,永葆大宗地位,这就避免了商代在王位继承权上的混乱状况。这样一来,通过宗法式分封,周代最高统治者实现了政权、族权和神权的紧密结合,这不能不说比之于商王朝又高明了许多。

从西周分封的实际情况来看,也的确体现了宗法政治的基本原则。周代分封,以周公东征胜利以后的规模为最大。周公所封诸侯,有同姓、异姓和黄帝等古帝王之后三种。据《荀子·儒效》记载,共封七十一国,其中姬姓独属五十三个。姬姓受封者为周文王、周武王、周公之后,或为周王之兄弟,皆为同族。异姓功臣主要为姜姓。姜子牙(吕尚)不仅为功臣,也是周王室的姻亲,与周王室有深厚的血缘关系。因此,受封的绝大部分诸侯,均与周天子有血缘关系。

通过分封制度的基本原则,周族的成员及其亲属在政治权力的分配中都依据其宗法血缘的亲疏远近而不同程度地得到了好处,他们几乎都成了整个统治集团的一员。这样,他们之间的血缘关系不但没有因为胜利后的利益分配不均而遭到割裂,反而因共同利害关系而得到了较为巩固的维系。周公通过分封制的推行,达到了增强周人内部凝聚力的目的。姬姓部落以几十万众的薄弱力量,最终成功地巩固了自己的胜利。周天子在较长时期内始终维持着很高的权威,成为全国土地的最终所有者和"王畿"之地的实际拥有者。周天子有极大的权力,凡政治、经济、军事、宗教、司法、礼仪诸方面的大事,都由周天子决定,即"礼乐征伐自天子出"。周王对不履行义务的诸侯,可以采取削减封地、降爵,甚至用武力消灭等措施。这种以血缘关系为基础而建立起来的天子权威,在西周建立以后的较长时间里都未受到过真正的挑战。

宗法政治的意义,正如周公后人凡伯所说,就是"大邦维屏,大宗维翰,怀德维宁,宗子维城"(《诗经·大雅·板》)。也就是说,诸侯国是天下的屏障,宗族是天下的栋梁,德政是安定的保证,嫡子就是天下的城墙。一张由血缘为纽带紧密编结而成的宗法网络,就使周王室与整个国家牢固地连在一起。这样,周公的宗法政治模式就在中国历史上第一次通过血缘纽带的方式,在王族力量相对薄弱的开国之际,较好地解决了中央与地方的关系问题,弥补了夏、商两代所暴露出来的中央对地方的控制十分薄弱的缺陷。它对于维护一姓之天下在一定时期内的有效统治,也不失为一种较为明智的选择。

然而,宗法政治也存在着明显的弱点。随着时间的推移,受封诸侯们与天子之间的血缘关系越来越远,这就势必导致血缘纽带的松弛。自春秋以来,周王室对诸侯逐渐失去约束力,昔日威风八面的天子已不再是天下共主。而一些强大的诸侯国,却"挟天子以令诸侯",打着"尊王攘夷"的旗号,争夺霸主的地位,迫使各国向霸主贡赋,获取本应由周天子享受的政治和经济特权。因而自周平王东迁之后的春秋战国,在长达五个世纪之久的时期内,周王朝已名存实亡。其军队由六师减少到两师、一师,直到不足一师,王畿之地不足原来的一半,实力和地位已衰落为一个诸侯小国。公元前256年,周王朝终于彻底灭亡。这表明,仅仅依靠以血缘纽带为基础而进行的宗法式分封,是不可能使一姓之天下世世代代传下去的。

　　周公的宗法政治思想及其实践,对古代中国社会产生了长期的影响。祖述周公的儒家学派始终倡导,要对宗法制度进行维护。汉武帝确立"罢黜百家,独尊儒术"的基本国策以后,儒家思想长期居于正统学术思想的地位。这就使宗法制度在民间得到更为广泛的推行,在中国社会中形成了始终是由血缘纽带维系着的宗法组织——家族,家族充当着中国社会的基石。在西汉至南北朝时期,由于推行了保护门阀世族的九品中正制和占田制,一些宗法豪强势力崛起,在全国各地形成了一大批豪门士族。特别是在魏晋南北朝时期,因战乱频繁,统一的中央政权长期缺位,造成了世家大族横断乡里,独霸一方,形成一个个集宗法权力和政治权力于一体的血缘组织。隋唐以来,随着科举制与均田制的推行,门阀世族遭到毁灭性打击,并逐渐绝迹。但从北宋以后,在宋明理学的大力倡导下,宗法制度又在新形势下重新恢复起来。宋儒把周公所确定的宗法制度理想化,主张重建古代宗族组织,于是在中国民间自发组成了以男系血统为中心的宗族共同体。这种新的宗法组织既不同于西周时期的政治关系、血缘关系和人神关系高度统一的宗法组织,也不同于东汉以后的门阀世族及宗法豪强,而是建筑在民间的普遍宗法家族,它更具有大众性和普及性。这种民间宗法家族在宋以后的中国封建社会后期存在了七八百年的时间,成为社会政治生活中的一种基本社会单元。

　　作为周公宗法政治重要组成部分的分封制,虽然最终也给周王朝带来了诸侯"尾大不掉",直至造成周王朝覆亡的恶果,但在以后的中国历史中,分封制却在不少新王朝建立之初一再被推行,并由此引发了关于中央集权与地方分权的长期争论。

　　秦始皇统一中国以后,官员们就推行分封制还是郡县制展开了激烈争论。其中多数官员坚持继周制实施分封的立场,李斯则力排众议,坚持推行郡县制。他从周代分封,最终导致"诸侯更相诛伐,周天子弗能禁止"的事实,说明分封之不可行。但推行郡县制的秦王朝却是一个二世而亡的短命王朝。秦的速亡,导致汉高祖刘邦错误地认为,这是没有分封子弟以屏皇室造成的。因此,在消灭了异姓王之后,他大量地分封自己的子侄为同姓王。汉初同时又推行郡县制,形成了郡国并行的局面。到汉武帝时,一些同姓封国强盛起来,爆发了"七国之乱"。平息叛乱以后,汉武帝削去了分封诸侯王的全部权力,规定他们不得"治国"。这种分土不治民的做法,使分封国变成了郡县。汉武帝采纳主父偃的建议,推行"推恩令",允许国君分城邑给自己的子弟,使大国变成很多小国。这样,中央集权得到了加强。

西晋王朝建立以后,晋武帝司马炎也认为魏亡是由于帝室孤立,没有力量制约权臣造成的。加之陆机等人也强调"古之王者,必封同姓,以明亲亲,必树异姓,以明贤贤",这就导致西晋大封同姓王,先后共有五十七人被封。结果事与愿违,晋武帝死后不久,就爆发了历时四年之久的"八王之乱"。这次大动乱造成了社会经济的大破坏,并由此引发了以后长达三百年的大分裂。因此,西晋的宗法式分封,并未带来当年周公分封的那种较好的结果,相反,却带来了十分严重的恶果。

唐朝初期,在推行分封制还是郡县制上也有过激烈争论。宰相萧瑀认为,"三代封建而长久,秦孤立而亡",建议实行分封制,但被大多数官员反对。唐太宗本想推行分封制,但碍于群臣的反对无法立即付诸实施。不过,在631年2月,他还是分封了一批皇室宗亲为王,此后又陆续分封了几十人为王。武则天建立武周政权以后,也大封武氏亲戚为郡王。唐代中后期,藩镇割据势力壮大,于是分封论再度出现。柳宗元写下《封建论》,总结秦汉以来关于地方分权和中央集权的争论,批驳了分封论。

明朝初年,朱元璋出于对异姓功臣的猜忌,提出了一个分封诸子为王的冠冕堂皇的理由,即"天下之大,必建藩屏,上卫国家,下卫生民。今诸子既长,宜各有爵封,为久治长安之计"(《明太祖实录》卷51),前后封皇子二十三人为亲王,叔父、侄子十五人为王,共三十八王。诸王在封地设王府,并设置官属,护卫甲士少者三千,多至一万九千人。诸王地位高于朝中大臣,公侯、大臣见了他们都要下拜。明代规定皇子都封为亲王,受封亲王共计六十二人。亲王嫡长子立为王世子,长孙立为世孙,世代承袭郡王之位。其余诸子封郡王。郡王嫡长子承袭,诸子封镇国公。其下依次封为辅国公、奉国公、镇国将军、辅国将军、奉国将军、镇国中尉、辅国中尉、奉国中尉等,都按嫡长子继承,次子以低一等分封的办法延续下去。由此可见,明初朱元璋对周公的宗法式分封的仿效已达到极为神似的程度。朱元璋把自己最信任的儿子分封到边防重镇。他们手握重兵,朱元璋死后,当继位的建文帝打算削藩时,燕王朱棣已是尾大不掉,终于举兵反叛中央王朝,经过三年的"靖难之役",推翻了建文帝政权。朱棣上台以后,对藩王的权力加以限制,削除了藩王的兵权。有明一代,规定这些皇族不能参加科举考试,不能做官吏,也不许务农经商,他们完全成了寄生虫。一些地位高的皇族,不受法律约束,几乎无恶不作,完全成了社会的祸害。虽然明代分封制在宗法统系上与周公时代几乎完全一致,但并没有全面恢复到周公时代的水平。在政治权利、地位上,受封诸侯根本无法与周代诸侯们相提并论。相反,其恶果很多。这表明,宗法式分封制在高度君主专制的中央集权的封建社会后期已经愈来愈不合乎时代的潮流,分封制由此从中国政治舞台上逐渐消失。

第四章　周公的法律思想
——由"炮烙酷刑"到"明德慎罚"

　　在周文化兴起的过程中,其法律制度作为巩固周人胜利成果的强制性规范也逐渐建立和完善起来。作为周初实际最高统治者的周公,成了周王朝法制的最高决策者。在修正殷商神权法思想,实现法律文化由神本文化向人本文化转变的法律构想和实施中,周公提出了一系列颇具创造性的法律思想。其主要法律思想表现在"以礼治国"和"明德慎罚"两个方面。《周礼》和战国时期李悝的《法经》,一般被认为是对后代法制思想影响最大的两部著作。

一、以礼为法

　　"礼"字在殷商甲骨文中就已出现,它的字形象征以豆(盘)盛玉祭祀祖先、上帝,以示敬意。许慎《说文解字》说:"礼,履也,所以事神致福也。"殷人的"礼",实际上就是"尊神"的仪式。因此,殷人的"礼",就是与神权和宗法密切联系的行为规范。在天命论盛行的殷商时期,"礼"的宗旨是为神权服务的。殷人之"礼"虽也含有宗法成分,但其宗法色彩并不浓厚。商人奉行的是神权法思想,因此,"礼"的法律功能是相当薄弱的。

　　周取代商的统治地位以后,在总结商的失败教训过程中,也对商代法律的得失进行了认真的总结。有商一代,由于统治阶级崇尚神权法,以致把现实中的刑罚也称之为天罚。因此,商代统治者的刑法极为残暴。商纣王时,"重刑辟,有炮烙之法"(《史记·殷本纪》)。据说周文王曾请求商纣王废除炮烙之刑。孔子曾赞美说："仁哉文王,轻千里之国,而请解炮烙之刑。"(《韩非子·难二》)这说明,周初统治集团是不赞成施行商代残酷的刑法的。

由于周公等周初统治者已经认识到"天命靡常",对殷商的天命论产生了怀疑,因此,他们提出了"皇天无亲,惟德是辅"的观点。与此相适应,在法律思想上,周公提出了以礼治国的观点。

关于周公在礼治上的实践,相传有"周公制礼"的史实。虽然人们对周公制礼的具体情况素有争议,但人们从未怀疑过它的真实性。在先秦典籍中,《左传》文公十八年记载,季文子使太史克对鲁宣公说"先君周公制礼",《国语·鲁语》也有"若子季欲其法也,则有周公之籍矣"。这里的"籍",也是间接地指载有"周礼"的典籍。《论语·为政》也说:"周因于殷礼,所损益可知也。"《尚书大传》说:周公摄政,"六年制礼作乐"。根据这些文献的记载,周公制礼应确有其事。但是,周公所制之礼,是否就是后来流传的《周礼》,历来争议颇多。西汉刘歆认为,《周礼》就是周公所作,提出了"周公致太平之迹,迹具在斯"的观点。其后,东汉经学大师郑玄也力主此说,说:"周公居摄,而作六典之职,谓之《周礼》,营邑于土中,七年,致政成王,以此礼授之,使居洛邑,治天下。"(《周礼·天官冢宰》)在郑玄的影响下,世传《周礼》就是周公所作的观点一时几成定论。宋代张载、李觏、曾巩、司马光、朱熹,清代魏源、汪中、《周礼》研究的集大成者孙诒让等,均坚持世传《周礼》为周公所作的观点。另一观点则认为该书为刘歆所伪造。首先提出这一观点的是胡安国、胡宏父子。他们认为,《周官》(即《周礼》)为"王莽令刘歆撰"(《朱子语类》引)。近代学者康有为、钱玄同都赞成此说。还有一种观点认为,《周礼》是后人附益的。何休认为它是"六国阴谋之书"。宋代苏轼也说:"先儒以《周礼》为战国阴谋之书,亦有以也。"叶适认为,"好之甚者以为周公所自为,此固妄耳"(《习学纪言·周礼》)。现代学者钱穆、郭沫若、朱自清、顾颉刚等,都认为《周礼》成于战国时期。

　　至于《周礼》为何人所作的问题,我们认为,此书虽不是周公所亲订,但它基本上反映了周公制礼的真实情况。这是因为,礼就是周代最基本的大法,"制礼"的活动本身就是一件极为重要的国家大事,不是任何人都有权随意制定的。一般的无名小卒,甚至朝中重臣,没有周天子的授意,都不敢妄自制礼,否则就是违背了礼的规范。周初,周公作为实际的最高统治者,当然是有权制礼的。由于一般人不敢擅自改动周礼的内容,因此后来流传的《周礼》大体上仍反映了周公的基本精神。不过,《周礼》与周公所定的周礼又不能看作是同一个东西。这是因为,西周时期,"礼乐征伐自天子出"已是不争之事实,周公之后的历代周王,又具有根据形势需要修改和补充周礼的权力。这样一来,在西周王朝的两百余年历史中,《周礼》必然处于不断完善的状态中。今本《周礼》就是这样逐渐修改成形的。至于进入春秋以后,周室衰微,无力号令天下,再修改《周礼》已失去实际意义。故这时的《周礼》即使有所改动也是微乎其微的。整个西周时期,《周礼》虽有相当程度的变动,但基本上仍是由周公所订,这是没有多少疑问的。由此,我们在一定程度上可以从《周礼》中把握周公关于礼治的基本思想概貌,《周礼》仍是我们研究周公"以礼治国"思想的重要资料来源之一。当然,今本《周礼》中因缺《冬官》部分,前人以《考工记》补之。该篇文献的年代与作者同《周礼》本文有别,这已是定论,就不再赘述。

　　除《周礼》以外,大约产生于战国至汉初的《礼记》一书,虽不是西周时期的作品,但其中也保存了较为丰富的西周礼乐制度的资料。因此,《礼记》一书同样是我们研究周公礼治思想不能不重视的重要资料。

　　历史上关于"周公制礼"的传说,实际上就是指由周公主持,对以往的宗法传统习惯进行补充、整理,从而厘定成一整套以维护宗法制度为中心的行为规范以及相应的典章制度、礼乐仪式。周公按照这套体现了"亲亲""尊尊"的宗法原则来治理国家,这就是"以礼治国"的礼治。

周公所制定的"礼",是宗法等级制度的依据和标准。荀子说:"礼者,贵贱有等,长幼有差,贫富轻重皆有称者也。"(《荀子·富国》)礼又是调整政治、经济、军事、司法、教育、婚姻家庭、伦理道德等方面行为规范的总和。所谓:"道德仁义,非礼不成;教训正俗,非礼不备;分争辩讼,非礼不决;君臣上下,父子兄弟,非礼不定;宦学事师,非礼不亲;班朝治军,莅官行法,非礼威严不行。"(《礼记·曲礼》)因此,周公之礼,关乎社会国家的各个方面,直到个人的一切言行。礼的基本原则即:"亲亲也,尊尊也,长长也,男女有别,此其不可得与民变革者也。"(《礼记·大传》)其中,"亲亲"是宗法原则,旨在维护家长制;"尊尊"也是宗法原则,旨在维护君主制。

作为"定亲疏,决嫌疑,别同异,明是非"(《礼记·曲礼上》)的"礼",在西周时期起到了"经国家,定社稷,序民人,利后嗣"(《左传》隐公十一年)的重大作用。因此,周公所制之礼,带有根本大法的性质。同时,它的许多规定,是用国家强制力来保证执行的,违反了"礼"就会受到严厉惩罚,即所谓"出礼则入刑"。这样,礼不仅是一般的伦理准则,还是规范人民的强制性规范,是西周法律体系中不可分割的有机组成部分。《周礼·地官·大司徒》云"以五礼防万民之伪而教之中",直接指明了"礼"的法律性质。先秦典籍中所提到的"夫礼,所以整民也"(《国语·鲁语》),"以礼防民"(《左传》哀公十五年),等等,也都表明了"礼"具有法律的强制性规范特征。

按照礼的要求,人们必须做到父慈、子孝、兄友、弟恭。因此,周公要求,对不遵守这些规范的人实行严惩。他把"不孝不友"的行为视为"元恶大憝",即罪大恶极,提出要对此"刑兹无赦",即严惩而不宽恕。他特别提醒康叔,一定要充分认识到违反礼法而不受到严惩所带来的危害。他说:"惟吊兹,不于我政人得罪,天惟与我民彝大泯乱。"(《尚书·康诰》)就是说,百姓有了不孝、不恭、不友、不爱的现象而不到我们执政者这里来认罪,这样,上帝赐给我们的统治民众的大法,便要遭到严重破坏。由此可见,周公实际上是把遵守礼法看成是维护西周政治、法律的首要任务。

周公把礼治放到法制建设的首要地位,其根本目的在于维护周王室在王权和族权上的绝对优势地位,达成"天无二日,士无二王,国无二君,家无二尊,以一治也"(《礼记·丧服四制》)的社会政治局面。这就决定了礼是为维护宗法等级秩序的存在而服务的。因此,礼治的基本特征就是"礼不下庶人,刑不上大夫"(《礼记·曲礼上》)。

在周公所建立的法律制度中,礼与刑是配合起来实施的。它们在适用对象上各有所侧重。"礼不下庶人",是指"礼"主要是用来调整奴隶主阶级内部关系的。各级贵族依据礼所享有的各种特权,奴隶和平民一律不得享受。"刑不上大夫",指的是刑罚的主要适用对象是劳动人民。礼治和刑治各司其职,表明周公所制定的法律规范是公开的、不平等的特权法。但是,"礼不下庶人,刑不上大夫"也是相对的。礼所规定的各种义务,不仅贵族们要遵守,庶民百姓也必须无条件地遵守。同时,对于犯上作乱,"放弑其君""贼杀其亲"的个别奴隶主贵族,由于其行为已严重危害周政权的稳定,必定受到严惩。在礼法中,"大夫强,而君杀之,义也"(《礼记·文王世子》)。周公平"三监"之乱后,杀其胞兄管叔,放逐其弟蔡叔,就是严惩周王室重要成员的例证。周公之子伯禽在征伐淮夷、徐夷之前对包括卿大夫在内的部众发布的誓师词中,便谈到了适用于卿大夫的"常刑"。他说:"乃越逐,不复,汝则有常刑。无敢寇攘。逾垣墙,窃马牛,诱臣妾,汝则有常刑。"(《尚书·费誓》)意思是说,如果你们敢于离开队伍去追赶走失的牛马和逃跑的奴隶,或得到了却不归还,那就要被处以刑罚。不许你们抢夺掠取。假如翻墙越壁,盗窃马牛,拐骗别人的男女奴仆,也要被处以刑罚。他还威胁说,如果这些卿大夫们不搞好备战和后勤工作,"汝则有大刑",即要被处以死刑。自此以后,"周有常刑"或"国有常刑"就成了一些诸侯责问其他诸侯违反礼法行为所经常使用的理由。

周公的礼治思想及其实践,作为维护宗法和政治秩序的强有力的法律武器,在较长时期内对于维护国家的安定起到了重要的作用。但是,周礼通过一张精心编织的法律之网,把人按血缘关系的亲疏远近强制性地固定于某一等级之中。这样,任何人的地位及其相应的待遇和义务,完全由礼法预先安排好了。在礼治之下,贵者恒贵,贱者恒贱,个人的才能和努力对于自己的命运几乎不起任何作用,如此一来,整个社会的活力就大大削弱了。对于周王室来说,由于嫡长子继承制只承认嫡长子在继承上的优先权,不考虑继承者的素质如何,这就直接导致后来的周天子和诸侯国君常常出现低能者的状况。宗室成员素质的退化,不仅使中央王朝的权威下降,而且使一些诸侯国的大权为"陪臣"所篡夺。进入东周以后,田氏代齐、三家分晋等事件相继发生。诸侯国君常常自身难保,又怎么能拱卫王室?因此,周礼最终也不能挽救周的灭亡。

尽管周公在法律史上所开创的礼治之路存在不少重大的缺陷,但它对后来的中国法律史仍然起到了开先河的作用,并引导着封建正统法律的发展方向。

春秋时期,由于周室衰微,周公所制定的礼乐制度已逐渐失去作用。值此乱世,儒家创始人孔子以恢复和维护周礼为己任,号召实行"为国以礼"(《论语·先进》)的政策。他强调,法律的制定和运用必须贯彻礼的精神:"礼乐不兴则刑罚不中,刑罚不中则民无所措手足。"(《论语·子路》)他的礼治思想把"正名"即维护"君臣父子"的等级名分作为出发点,主张"天下有道,则礼乐征伐自天子出"(《论语·季氏》),反对不符合礼治的乱立法和立乱法。不过,孔子的礼治思想又不是周公思想的简单重复。他提出"齐之以礼"的主张,对"礼不下庶人"的原则是一个重大突破。孔子和后来的孟子、荀子等儒家代表人物,把礼视为"五伦"原则的条文化、制度化,即处理君与臣、父与子、夫与妇、兄与弟及朋友之间关系的行为准则。这样,"礼"的法律外延就大大拓展了。作为法律制度,它具有更强的可操作性。经过先秦儒家的改造,周公所制定的旨在维护奴隶主贵族统治的礼,就转变成为封建地主阶级服务的新礼。

自汉代以后,随着儒家法律思想上升为封建正统法律思想,自周公以来的礼治思想进一步发展为以礼入法的法律实践活动。封建时代的大部分思想家不仅都主张实行礼治,而且直接把儒家有关礼的思想作为司法实践的依据。汉代大儒董仲舒是将儒家经义应用于法律实践的第一人。他引经断狱,把儒家经典直接作为判罪量刑的标准。他提倡"春秋决狱",并作《春秋决狱二百三十事》,以《春秋》经义为依据,断定是否犯罪。凡符合《春秋》精神,即使违法也不认为是犯罪;凡违背《春秋》精神,即使不违法也可定为犯罪。这样,儒家礼治经典被法律化了。自魏以来,儒家学者开始参与制定法律,他们利用这个机会把儒家之礼直接融入法律条文中,从而实现了礼与法的更高程度的结合。在魏以后不同时期的法律制度中,源自《周礼》《礼记》《孝经》等书的有关礼的罪名占有相当重要的法律地位。其中的"八议"、"十恶"、官当、依服制罪量刑、亲亲相隐、犯罪存留养亲及子孙不得别籍异财等影响大、延续时间长的法律内容,都直接源于礼。因此,以礼入法的进一步发展,不仅使礼成为法律的重要组成部分,而且形成了法律为礼教所支配的局面。礼与法的不可分性就成了中国传统法律文化的主要特征和基本精神。

由于儒家学者中的大部分人认为《周礼》为周公所作,因此,在以礼入法的过程中,《周礼》在有关礼的文献中,影响始终独占鳌头。北周一朝,竟然全盘模仿《周礼》,其法律完全礼化了。有宋一代,《周礼》备受学者和政治家青睐,周礼之学竟成热门。尤其值得一提的是,宋代著名改革家王安石亲研《周礼》经义,写出了洋洋十余万字的《周官新义》一书,以此作为自己变法的理论根据,并依据《周礼》中的理财制度,设"制置三司条例",兴农田水利、青苗、均输、保甲、免役、市易、方田诸役等"新法"。当然,王安石并不是硬搬《周礼》的内容。正是由于王安石对《周礼》的这种独出心裁的解读,"周公之礼"在宋代大大地风光了一回,并且在客观上起到了一定的进步作用。

二、明德慎罚

周公不仅制礼,也制刑。传说周公制订了《九刑》。《左传》昭公六年说:"周有乱政,而作九刑。"《左传》文公十八年还记载了已失传的周公所作的《誓命》中的一段话:"毁则为贼,掩贼为藏,窃贼为盗,盗器为奸,主藏之名,赖奸之用,为大凶德,有常无赦,在《九刑》不忘。"有人认为这就是《九刑》的主要内容。但也有人认为《九刑》是指周公所作的刑书九篇。《逸周书·尝麦解》说:"四年孟夏,王命大正正刑书……太史筴刑书九篇以升,授太正。"这就是周公命人作《九刑》的证据。

周公制刑,是以"明德慎罚"思想为指导的。在《尚书·康诰》中,周公对胞弟康叔说:"惟乃丕显考文王,克明德慎罚。"在这里,他把文王的法律思想概括为"明德慎罚",希望康叔遵照执行。事实上,这正是周公本人在德与刑关系问题上的一贯主张。"明德"就是指推行德政。为了能够推行德政,周公从法律角度对统治者个人的行为做了强制性规范。

周公指出,统治者应勤修德政,力戒淫逸。他说:"君子所其无逸。先知稼穑之艰难,乃逸,则知小之依。"(《尚书·无逸》)就是说,统治者不应贪图安逸享受。先了解种田人的艰难,这样,处于安逸环境也会知道种田人的痛苦。为了防止包括康叔在内的周族统治者们像殷末统治者那样腐化堕落,周公颁布了禁酒的法令——《酒诰》。诰词规定不得"群饮""崇饮",否则就要杀掉,并且要求统治者"刚制于酒",

就是说要强行戒酒。周公早在三千多年前就已把加强统治者自我修养纳入法律制度之中，这是难能可贵的。

"慎罚"就是指要小心谨慎地使用刑罚。"慎罚"思想的提出，是周公对商代刑法的得失进行认真总结后的产物。

商代是以刑法著名的朝代。《左传》昭公六年说："商有乱政，而作《汤刑》。"这说明，商代已有成文刑法。《荀子·正名》也说"后王之成名，刑名从商"，表明商代刑法对后代刑法具有样板作用。韩非说："一曰，殷之法，弃灰于公道者断其手。"（《韩非子·内储说上》）由此可见，商代刑法非常详备和苛刻。由于商代刑法的周密，周公在对康叔作《康诰》时，才反复要求他利用被封在殷商旧地的有利条件，学习殷商圣王的治国之道，特别要好好学习殷商刑法。他对康叔说："外事，汝陈时臬，司师，兹殷罚有伦。"就是说，要求康叔对外宣布自己施用刑罚的准则，就是按照殷商时代的刑法以治民。他还对康叔说："汝陈时臬事罚。蔽殷彝，用其义刑义杀。"意思是说，你宣布用这些法律进行惩罚。判决案件，要依据殷人的常法，采用适宜的刑法条律。这说明，在周初法制存在不少欠缺的情况下，周公并不拒斥殷商刑法，而是充分肯定殷商刑法的处刑断狱原则，采取了"拿来主义"的态度，以商代刑法之长，补周代刑法之短，这是完全必要的。但是，周公并不是对商代刑法简单地照搬照抄。鉴于商末因滥用刑罚导致民众反叛的教训，周公从国家治乱的高度总结了量刑过重、滥杀无辜的危害性。他说："乱杀无罪，杀无辜，怨有同，是丛于厥身。"（《尚书·无逸》）就是说，乱罚没有罪过的人，乱杀没有罪过的人，老百姓就会把所有的怨恨集中到你的身上。

周公并不是不要刑罚，而是希望把德政与刑罚结合起来，从根本上避免商灭的教训。在《康诰》中，他对康叔说："靠汝德之说于罚之行。"意思是说，我告诉你如何在推行德政的同时使用刑罚的方法。周公的"明德慎罚"思想集中体现在《康诰》中，《康诰》因此就成了中国刑法史,乃至世界刑法史上具有划时代意义的历史文献。后来,深得周公法律思想真谛的康叔,很好地治理了卫国的殷遗民。《史记·卫世家》说:"康叔之国,既以此命(即《康诰》)能和集其民,民大悦。"康叔本人也成了周王朝贵族中的法律权威,后来被周成王召回,担任了周王朝的最高司法长官——司寇。这样又为周公的"明德慎罚"思想在全国的司法实践中得以大力推行,打下了良好的基础。

在《尚书》的周初诸诰中,除《康诰》以外,《酒诰》《梓材》《无逸》《立政》等篇也阐述了不少周公关于刑法的观点。综合起来,周公的"明德慎罚"思想主要表现在以下几个方面:

第一,要求对罪犯进行具体分析,区别对待。

他说:"人有小罪,非眚,乃惟终,自作不典;式尔,有厥罪小乃不可不杀。乃有大罪,非终,乃惟眚灾,适尔,既道极厥辜,时乃不可杀。"(《尚书·康诰》)也就是说,要区别故意("眚")与过失("非眚")、偶犯("非终")与惯犯("惟终")以及认罪态度等不同情节,并加以惩罚。对于故意和惯犯又不认罪的罪犯,虽犯小罪也要处以重刑;对于过失和偶犯又能服罪的罪犯,虽犯大罪也可减刑。这表明,周公在定罪量刑上已考虑到了犯罪者的主观动机。对于周公的这一观点,史学家李亚农给予了极高的评价。他说:"法律在当时,作为进行阶级压迫的工具来说,得到了如此正确、如此巧妙的运用,毫无问题,发挥了它最大的威力,收到了它最大的效果。刚刚从野蛮阶段踏进文明的大门的周公,早在三千年前就创造了这么一套法律哲学的理论,实在是惊人的。怪不得周人要把他当作空前未有的伟大的圣人来崇拜,而将一切赫赫武功、一切文化的创造、一切制度的建立通通归功于他。"①

第二,不要以个人意志作为法律依据。

周公在对康叔的训诫中,特别提醒后者"勿庸以次汝封"。就是

---

① 李亚农著:《李亚农史论集》,下册,上海人民出版社,第693页。

说,不可凭你个人的意志断案。他还对康叔说:"非汝封刑人杀人,无或刑人杀人。"(《尚书·康诰》)意思是说,刑罚不能徇一己之私,不是你说刑杀就刑杀,你说不刑杀就不刑杀。这种观点已经非常接近我们今天"以事实为根据,以法律为准绳"的刑事诉讼原则。周公早在三千年前提出这一观点是极为难得的。

第三,废弃族诛、连坐,主张罪止一身。

针对殷商王朝刑法"罪人以族",滥施族刑,牵连无辜甚多的弊端,周公强调"父子兄弟,罪不相及,况在群臣"(《左传》昭公二十年引《康诰》)。因此,他主张只惩罚罪犯本人。

第四,要根据不同地区的历史和特点采取不同的刑法。

周公指示受封于殷墟的康叔和受封于奄国的长子伯禽,根据这些地区都曾是殷商王朝中心的情况,要"启于商政,疆以周索"。他又指示封于夏墟的唐叔,要"启以夏政,疆以戎索"(《左传》定公四年)。这就是根据不同封国的国情,援法用刑采取不同的政策。《周礼·秋官·司寇》说:"刑新国,用轻典;刑乱国,用重典;刑平国,用中典。"这种根据社会治乱情况来决定量刑轻重的观点,对中国传统法律文化产生了重要影响。"重典刑乱世"在封建社会后期成了君主专制的法律依据。

第五,对犯罪的殷遗民施以较轻的刑罚。

周公把殷遗民犯罪同周人犯罪区别开来,对周人的处罚要严于殷遗民。同样是"群饮",对周人的处罚是"尽执拘以归于周,予其杀",对殷遗民的处罚却是"勿庸杀之,姑惟教之"。(《尚书·酒诰》)与历史上常常出现的征服者无情地镇压被征服者的做法相反,周公在以"小邦周"统治"大邑商"的周初,充分考虑了周人统治力量较为单薄的现实,对广大殷遗民采取了怀柔、安抚的法律对策。这种"慎罚"的措施,实际上也是一种争取殷遗民之民心的极为明智的策略。

第六,反对乱罚无罪,滥杀无辜。

周公说:"奸宄杀人,历人宥"(《尚书·梓材》),即歹徒杀人,无关的过路人不承担责任。这样就缩小了牵连面,减少了错判。周公还以高度的历史责任感,从周王朝的长治久安出发,一再告诫文王子孙"其勿误于庶狱庶慎",即千万不要自误,对刑罚一定要谨慎对待。他对殷人提出的"勿庸杀之,姑为教之"(《尚书·酒诰》)的处理办法,是后来"先教后刑"思想的渊源。

第七,提出了既往不咎的量刑策略。

周公对康叔说:"肆往,奸宄、杀人、历人,宥;肆亦见厥君事、戕人,宥。"(《尚书·梓材》)就是说,对往日曾为匪为盗的罪犯、曾杀人的罪犯及虏人的罪犯,要赦免他们;对往日曾泄露国君机密的罪犯、曾残害人身体的罪犯,也要赦免他们。这有利于周王朝尽快稳定局势、巩固政权、争取人心。

第八,要求对犯罪的生理能力弱的人实行宽恕。

周公对康叔说:"至于敬寡,至于属妇,合由以容。"(《尚书·梓材》)就是说,对于鳏寡老人和孕妇要多施恩泽,对他们的犯罪要加以宽容。

第九,要求刑罚适中。

周公要求司寇苏公(即苏忿生):"兹式有慎,以列用中罚",即要十分谨慎地依法行事,刑罚要适中。这对防止滥用刑罚具有积极意义。

第十,要谨慎地对待犯人的供词。

为防止错判,周公要求在审察犯人证词的时候要慎之又慎。他说:"要囚,服念五六日,至于旬时,丕蔽要囚。"(《尚书·康诰》)就是说,在审察犯人的供词时,要考虑五到六天,甚至要考虑十天,一定要非常慎重地去审察犯人的供词。

生活于三千年前的周公,在人类文明程度尚处于较低水平的历史时期已能够比较准确地理解和处理上述一系列法律问题,这是相当了不起的成就。这在世界刑法史上也是十分罕见的。

周公的法律思想也不是一味地讲"慎罚"。他的刑法观点也有统治阶级严酷的一面。他要求对"不孝不友""寇攘奸宄,杀越人于货"等危害宗法等级秩序和私有财产的罪犯,要"速由文王作罚,刑兹无赦",即按文王的刑法严惩他们而不准赦免。他还要求对"不率大戛,矧惟外庶子、训人惟厥正人越小臣、诸节"(《尚书·康诰》)(即不遵守国家大法的各级各类官吏),要"速由兹义率",即迅速按法令捕杀他们。这表明,周公的"慎罚"原则是建立在维护周王朝这个奴隶制国家政权的大前提之上的,其历史局限性是十分明显的。

周公作为一个大政治家,其"明德慎罚"思想也必然是为解决政治难题而提出的。在相当大程度上,它是一种机智的政治策略。比如,在法律上对殷商遗民施以较宽松的刑罚,也是出于安抚、怀柔这些具有反叛意识的人们的客观需要。但是,不可否认,"明德慎罚"思想的提出,是中国刑法史上的一个重大进步,其积极意义是不能低估的。

周公的"明德慎罚"思想对中国传统法律文化产生了深远的影响。"明德慎罚"要求在推行德政的基础上谨慎地使用刑法,这实际上就是"德主刑辅"思想的渊源。在中国法律思想史上,"慎刑罚""先德后刑""德主刑辅"的思想始终占据着主导地位。

儒家创始人孔子曾在短时期内担任过鲁国的中都宰、小司空和司寇等官职,亲自从事过司法活动。他在法律思想上继承了周公的"明德慎罚"思想,提出了"先教后刑""德主刑辅"和"以德去刑"等一系列法律观点。他反对"不教而杀",提倡通过德化和礼教来预防犯罪和教化罪犯。他主张通过德治消除犯罪。他说:"善人为邦百年,亦可以胜残去杀矣。"(《论语·子路》)他认为,只要长期坚持德治,就可以达到"无讼"。如此一来,就用不着刑罚了。这就是后来人们所归纳的"以德去刑"观点。孔子当然也不完全否认刑罚的强制作用。但是,他强调在使用刑罚时,要宽猛相济。他说:"政宽则民慢,慢则纠之以猛。

猛则民残,残则施之以宽。宽以济猛,猛以济宽,政是以和。"(《左传》昭公二十年)宽猛结合的观点,实际上就是对周公"慎罚"与严惩重大犯罪相结合思想的继承。孔子虽然主张用刑,但他始终认为刑必须建立在礼的基础之上,"礼乐不兴,则刑罚不中;刑罚不中,则民无所措手足"(《论语·子路》)。这与周公的观点也是一致的。

在孟子的仁政学说中,也并不否认刑罚的作用。但他认为重刑滥杀是"虐政"和"暴政"的表现,因此主张"省刑罚","不嗜杀人"。他总是谴责滥杀无辜的行为:"杀一无罪,非仁也"(《孟子·尽心上》),"行一不义,杀一无辜,而得天下,皆不为也"(《孟子·梁惠王上》)。他劝告国君一定要谨慎地使用死刑,不能只听一面之词而草率地做出决定。"左右皆曰可杀,勿听;诸大夫皆曰可杀,勿听;国人皆曰可杀,然后察之,见可杀焉,然后杀之。"(《孟子·梁惠王上》)

周公的"明德慎罚"思想,在被儒家发展为"德主刑辅"的法律思想以后,往往以"明刑弼教"的形式出现,成为历代封建王朝法律制度的指导思想。

自汉武帝时期确立儒家思想在法律上的统治地位以后,"德主刑辅"思想在中国封建时代法律制度史上一直发挥着重要指导作用。汉代在法律制度上实行矜老怜幼的恤刑原则、亲亲得相首匿的原则、法不溯及既往的原则,这些都是周公和儒家"慎罚"思想的具体化。同时,汉代统治者实行以政教为本,以法律为手段的政策,并且把德教放在首位,这又是"明德"的具体化。唐太宗李世民吸取了隋炀帝滥用刑罚导致隋王朝覆灭的教训,采纳魏征的建议,"以宽仁治天下,而于刑法尤慎"(《新唐书·刑法志》)。他强调慎狱恤刑,认为"死者不可复生,用法务在宽简"(《旧唐书·刑法志》)。在处理具体案件上,他要求"慎刑,重人命"。他提出:死刑案件在判决后,须向皇帝奏报三次,经批准后方可执行。不久,他又提出将三覆奏改为五覆奏,以示更加慎重。唐代法律在"明德慎罚"思想指导下,始终贯彻"德礼为政教之本,刑罚为政教之用"(《唐律疏议·名例》)的精神,力求做到轻刑省罚、约法简文。这对社会稳定曾起到较为明显的积极作用。唐高宗永徽年间,大理寺关押囚犯曾降至五十余人,其中死刑犯仅二人。这一方面反映了社会治安的良好,另一方面也证明了唐代法律的宽刑慎罚的确是名实相符。宋代以后,宋明理学成为官方正统学说。理学集大成者朱熹认为"三纲五常"是"天理民彝之大节",因此法律"必以人伦为重"。他认为,"法度禁令"只能够"制其外","道德齐礼"才能"格其心",所以应"明刑以弼五教,以期于无刑"(《推广御笔二事状》)。虽然宋、明等王朝都奉行"重典治乱世"的原则,同"慎罚"思想是背离的,但此时的统治者仍未放弃先教后刑、德主刑辅的观点。明太祖朱元璋在《大明律》完成以后告谕群臣:"朕仿古为明治,明礼以导民,定律以绳顽。"他唯恐新的立法"小民不能周知",十分重视大明律令的宣传,认为这样做的结果是"吾民可以寡过矣"(《明史·刑法志》)。朱元璋虽然赞成"刑乱国用重典",但他表示"用刑之道贵在中。得中则刑清,失中则刑乱。刑乱则政衰矣"(《明太祖宝训》卷五)。

　　综上所述,周公在周初所提出的"明德慎罚"思想是一根始终贯穿于中国法律思想史和中国法制史的主线,并由此构成了中华法系区别于世界其他法系的重要特征。

第五章　周公的伦理思想

——由"商俗尚鬼"到"敬德追孝"

中华民族素有"礼仪之邦"之称,这一概说是很有道理的。开创"礼仪之邦"的时代应该说非周代莫属,而奠定周代伦理政治思想及其制度的功臣则首推周公。周代建立在宗法血缘奴隶制基础上的"亲亲""尊尊"原则及其"德""孝""礼"等道德内容直接为儒家所继承和发展,并成为影响整个中华民族及整个封建时代的伦理纲常。

一、周代以前的道德观念

任何思想都不是从空地上生长出来的,都必然是对先前思想有选择的吸收和扬弃。周公的伦理思想是建立在氏族部落原始道德观念和夏、商奴隶制道德思想基础之上的,所以,研究周公伦理思想,应该先溯其源。

马克思说:"不是意识决定生活,而是生活决定意识。"①原始人道德意识的产生,完全是由他们的生活状况、生存方式所决定的。最早的原始人迫于生计,已经意识到必须利用集体力量来与自然界做斗争。在此阶段,个人的行动天然地服从集体的需要,但这种意识尚谈不上什么自觉道德意识。正如马克思所说:"这是纯粹畜群的意识,这时人和绵羊不同的地方只是在于:意识代替了他的本能,或者说他的本能是被意识到了的本能。"②也就是说,原始人早期的集体意识尚带

---

① 《马克思恩格斯全集》,第3卷,人民出版社,第30页。
② 《马克思恩格斯全集》,第3卷,人民出版社,第35页。

有动物的本能。当原始人从自然群体过渡到氏族部落以后,那种原始的集体意识逐渐发展成为一种以原始集体主义为核心的原始道德。这种原始道德典型地体现在母系氏族部落的集体生活中。母系氏族部落是以血缘关系为纽带联系在一起的,每个氏族成员都把自己视作氏族的一部分,一切服从氏族利益。氏族成员之间有一种天然的血缘亲情关系,没有歧视,没有高低贵贱之分,人与人之间是一种平等、互助关系。氏族首领是由氏族会议推选的最有经验、最有威望的人来担任,并受全体氏族成员的监督,不称职就会被罢免。氏族首领没有特权,和全体氏族成员一样参加劳动和对外征战。氏族首领对氏族成员的领导不是靠刑罚,而是靠自己的经验和道德人格力量。传说中的神农氏"身自耕,妻亲织",因而"神农无制令而民从"(《淮南子·氾论训》),就是反映了这种情况。儒家的《礼记·礼运》对氏族社会的道德状况做了如下描述:

"大道之行也,天下为公。选贤与能,讲信修睦。故人不独亲其亲,不独子其子……男有分,女有归。货恶其弃于地也,不必藏于己;力恶其不出于身也,不必为己。是故谋闭而不兴,盗窃乱贼而不作。故外户而不闭,是谓大同。"

这种描述在很大程度上反映了儒家思想家向往的"大同世界"的社会理想,也在一定程度上反映了原始氏族部落的"平等""为公""集体主义"的朴素道德风尚。这种道德风尚还称不上是原始人自觉的道德意识,而仅仅是一种自发的传统习惯和盲目的外部力量。

随着生产力的发展,父系氏族公社逐渐取代了母系氏族公社。父系氏族的一个显著特征就是个体家庭的出现。在家庭中,父亲拥有绝对权力和威信,妻子、子女必须绝对服从。一些大家族的族长逐渐操纵氏族领导权,成为氏族显贵。部落战争中的战俘沦为富裕家庭的奴隶。这样,原来氏族内部的平等关系就被打破了,尊卑贵贱的等级制度、宗法制度开始萌芽。与此同时,也造就了个人意识中丑恶、肮脏的一面：某些氏族显贵及其子弟骄横霸道，利用权力侵吞氏族部落的公共财产；在氏族或家族内部争权夺利，甚至迫害父兄；在人与人的关系中开始有了背信弃约；个人私欲开始膨胀……

一切都是相反相成的。正是因为父系氏族公社开始出现上述非道德现象，因而也唤醒了人们的道德意识。从一些古老的传说中可以看出此时人们已开始有了比较自觉的道德意识和道德评价，如关于尧、舜的传说就是充满赞誉的道德评价。《尚书·尧典》记载：帝尧"钦明文思安安、允恭克让，光被四表，格于上下。克明俊德，以亲九族。九族既睦，平章百姓，百姓昭明，协和万邦，黎民于变时雍"。而一些英明的氏族首领还能利用道德来调节各种关系。如传说黄帝因"修德而振兵"（《史记·帝本纪》），故战胜蚩尤；舜"顺事父及后母与弟，日以笃谨"（《史记·帝本纪》），受到人们的爱戴。据《韩非子·五蠹》记述："当舜之时，有苗不服，禹将伐之。舜曰：'不可。上德不厚而行武，非道也'。乃修教三年，执干戚舞，有苗乃服。"可见舜已能自觉地利用道德来调节内部关系。

具体说来，父系氏族社会究竟有哪些道德观念或道德标准呢？据《史记》《左传》等一些后人的记载来看，当时人们已有了"齐、圣、广、渊、明、允、笃、诚""忠、肃、共、懿、宣、慈、惠、和"以及"父义、母慈、兄友、弟共（恭）、子孝"等道德观念和道德标准了。说这些道德观念可能掺入了后人的思想，未必可靠，但与"恶"相伴而生的一些道德观念则是完全可信的，这就是：与侵略公有财产相伴而生的"忠"的道德观念，即一心为公，维护氏族公社的公有财产；与骄横霸道相伴而生的"慈""和"的道德观念，即维护氏族内部人与人之间平等、亲密的关系；与在家庭内部争权夺利、迫害父兄相伴而生的"孝""友"的道德观念，即尊老爱幼的家庭道德观念；与背信弃约相伴而生的"允"的道德观念，即讲究信义的道德观念。

父系氏族公社开始出现的"贪欲"等非道德现象，必然破坏原始氏族制度。恩格斯写道："最卑下的利益——庸俗的贪欲、粗暴的情欲、卑下的物欲、对公共财产的自私自利的掠夺——揭开了新的、文明的阶级社会;最卑鄙的手段——偷窃、暴力、欺诈、背信——毁坏了古老的没有阶级的氏族制度,把它引向崩溃。"①

　　夏是我国历史上第一个奴隶制国家。禹被舜推举即位后,即开始把氏族部落联盟会议变成自己专断独行的机构。据古文献记载,"禹朝诸侯之君会稽之上,防风之君后至而禹斩之"(《韩非子·饰邪》),"禹合诸侯于涂山,执玉帛者万国"(《左传》哀公七年)。禹召集诸侯不仅要诸侯缴纳玉帛,还将晚到的部落首领杀死,足见禹已完全破坏了氏族制度的平等原则,成了名副其实的专制君主。禹死之前有意培植儿子启继承王位,彻底破坏了氏族部落的"禅让"制度。据古籍记载,启是个好酒纵欲、奢侈腐化的人,"启乃淫溢,康乐于野,饮食将将,铭苋磬以力,湛浊以酒,渝食于野,万舞翼翼,章闻于天,天用弗式"(《墨子·非乐上》)。据《尚书·皋陶谟》记载,舜征服苗民主张用德教,其大臣皋陶也主张为政靠九德,这说明道德在原始社会末期具有很重要的社会作用。禹继位后开始重视建立刑法,即《左传》所记叙的"夏有乱政,而作禹刑"。启一方面依靠严酷的刑法作为统治手段,一方面又依靠"天命鬼神"的权威为自己的统治行为作论证,而对道德的社会调节作用置若罔闻。《尚书·甘誓》是启讨伐有扈氏的战争动员令,寥寥数语,就讲了两点:替天行命和赏罚分明,没有任何道德论证。这种崇尚天命,依赖酷刑,轻视道德的思想和做法一直持续到夏末。许多古籍都记载了这种情况:夏的第十三代王孔甲"好方鬼神事,淫乱,夏后氏德衰。诸侯畔之"(《史记·夏本纪》)。夏桀更是荒淫无耻,"有夏昏德,民涂涂炭"(《尚书·仲虺之语》),"夏王灭德作威"(《尚书·汤诰》)。可见,夏朝在伦理思想上没什么新发展。

---

　　① 《马克思恩格斯选集》,第四卷,人民出版社,第94页。

商朝吸取了夏朝忽视道德的教训,特别是夏桀荒淫无耻导致夏朝灭亡,更给商统治者以深刻的教训,故商统治者一般都比较重视道德的作用。周公在对殷民的诰令中也承认:"自成汤至于帝乙,罔不明德恤祀,亦惟天丕建,保乂有殷。"(《尚书·多士》)成汤在讨伐夏桀的战争动员令中,除假天之命外,对夏桀残酷地剥削、压榨人民的罪行做了声讨,指出夏桀已造成天怒人怨。这与夏启讨伐有扈氏的战争动员令形成鲜明的对照。

传说成汤很重视德,因此诸侯都归心于他。"桑林祷雨"的传说颇能说明成汤具有较强的道德责任感:"昔者汤克夏而正天下。天大旱,五年不收。汤乃以身祷于桑林,曰:'余一人有罪,无及万夫;万夫有罪,在余一人。无以一人之不敏,使上帝鬼神伤民之命'。于是剪其发,鄌其手,以身为牺牲,用祈福于上帝。民乃甚说,雨乃大至。"(《吕氏春秋·季秋篇》)商朝另一著名的国君盘庚迁殷的一个重要目的就是去奢行俭,"式敷民德"。他主张"用罪伐厥死,用德彰厥善",声称"予亦不敢动用非德""朕不肩好货,敢恭生生,鞠人谋人之保居,叙钦"(《尚书·盘庚》)。就是说,盘庚十分重视道德的作用,他决不任用那些贪财聚货之人,而是尊敬和重用那些有德之人,那些能使人民安居乐业之人。在《尚书·高宗肜日》中,祖已对高宗提出了"典厥义""正厥德""王司敬民""典祀无丰于昵"等道德告诫,就是要求高宗循义理,按道德办事,要敬民,不要过分盘剥人民,在父庙祭祀时要节俭,祭品不要过于丰盛。

尽管商代统治者一般都很重视道德的作用,但与"天命鬼神"的作用相比道德又不能不退居其次。正如《礼记·表记》所云:"殷人尊神,北民以事神,先鬼而后礼",对"天命鬼神"的绝对崇拜主宰了殷人的政治生活和精神世界,所谓"商俗尚鬼"的说法是有道理的。所以,商代虽然有了比较自觉的道德意识,也提出了个别较抽象的道德概念,但始终未能建立起较系统的伦理思想体系。中国古代伦理思想诞生的标志,应是以周公为代表的西周伦理思想的建立。

二、周公的"德""孝"伦理观

以周公为代表的周代伦理思想既是对先前伦理思想的批判继承,又是周代社会政治经济制度的反映。《尚书·周书》集中反映了周公的伦理思想。

周初统治者首先从夏、殷的灭亡中总结出深刻的教训,这就是夏、殷的后王迷信天命,轻视道德,从而导致灭亡。对此,周公作了这样的总结:"非天庸释有夏,非天庸释有殷,乃惟尔辟以尔多方,大淫图天之命,屑有辞。乃惟有夏图厥政,不集于享。天降时丧,有邦间之。乃惟尔商后王逸厥逸,图厥政,不蠲烝,天惟降时丧。"(《尚书·多方》)就是说,并非上天要舍弃夏国,也不是上天要舍弃殷国,而是因为你们的四方诸侯淫逸放肆,闭塞天命,还振振有词地为自己的罪行辩护。夏国政治黑暗,又不认真祭祀上天,所以上天降下亡国大祸,让殷代之。也因为你们商的后王纵欲享受,政治黑暗,所以上天也降下亡国之祸。同时,周公又指出:"自成汤至于帝乙,罔不明德恤祀,亦惟天丕建,保乂有殷。"(《尚书·多士》)就是说,从成汤革夏到帝乙,之所以能治国安民,一个重要原因就在于他们十分注重"明德"。鉴于夏、殷灭亡的深刻教训,召公在对成王的谆谆劝告中两次提到要成王"疾敬德",否则"惟不敬厥德,乃早坠厥命"(《尚书·召诰》)。一个"疾"字,充分说明周初统治者已深刻认识到了"敬德"对于巩固政权的重要性和迫切性。

鉴于夏、殷的经验教训,周公制定了以"德"治国,以"孝"治民的统治方针。正如侯外庐先生在《中国思想通史》中所指出的:"有孝有德"是西周的"道德纲领"。这个纲领既是西周宗法等级制度的反映,也是以周公为代表的西周政治思想家道德觉醒的产物。

关于"德"的含义,专家学者们已有许多考证和研究。陈来先生认为"德"字在甲骨文、金文中已出现,在文献中最早可见于《尧典》。从《尧典》中使用"德"的情况看,至少有三种含义:其一指某种可以从道德上加以评价的行为或意识状态,如"俊德"指符合道德的行为或意识,"否德"则指鄙陋的行为或意识。《左传》文公十八年载鲁太史克语:"孝、敬、忠、信为吉德,盗、贼、藏奸为凶德",也就是在这种意义上来使用"德"的。其二指"美德"。其三指具有美德的人①。何谓"美德"呢?据温少峰先生的研究,在殷商甲骨文中,"德"的含义为"征伐",而征伐的结果是"获得",是占有奴隶和财富,故"德者得也"②。奴隶主贵族通过征伐而掠夺、占有奴隶和财富的行为被奴隶主称誉为"有德"(即"有得"),足见道德的阶级性。正如恩格斯所言:"人们自觉地或不自觉地,归根到底总是从他们阶级地位所依据的实际关系中——从他们进行生产和交换的经济关系中,吸取自己的道德观念。"③这是奴隶主阶级社会中"德"的阶级含义。而在原始氏族公社中,"德"的含义则是指个人的品质。《尚书·虞书》记载了所谓"九德",即"宽而栗,柔而立,愿而恭,乱而敬,扰而毅,直而温,简而廉,刚而塞,强而义"(《尚书·皋陶谟》)。就是指宽宏大量而不失严肃认真;性情温和而不失独立主见;小心谨慎而不失庄重严谨;办事有才干而又踏实认真;虚怀若谷而不失刚毅果断;性情秉直而不失态度温和;从大处着眼又能从小处着手;刚正而不鲁莽,勇敢而善良。在原始氏族公社时期就对"德"做了如此详细的界定似不太可能,这多数是后人借古人塞进了自己的思想,不足为凭。但关于尧、舜、禹氏族首领勤于政务、明察是非、推贤让能、吃苦耐劳、一心为公的个人美德的传说,则大体上是符合原始氏族社会实际情况的。

周公以"德"治国的思想正是在德的上述两种基本含义上发展起

---

① 陈来著:《古代宗教与伦理》,三联书店 1996 年版。
② 参见《中国哲学》第八辑。
③ 《马克思恩格斯全集》,第三卷,人民出版社,第 13 页。

来的。

　　周公提倡的"敬德""修德"主要是针对奴隶主贵族特别是君王而言的,是指君德和正德。作为君主应具备哪些道德呢?周公在《无逸》篇中列举了中宗、高宗、祖甲三个殷王的品德,周公说:中宗"严恭寅畏,天命自度,治民祗惧,不敢荒宁",就是说中宗做事严肃谨慎,以天命为标准来检查衡量自己,治理人民严谨认真,不敢怠惰,不敢贪图享乐。而高宗"时旧劳于外,爰暨小人。作其即位,乃或亮阴,三年不言,其惟不言,言乃雍。不敢荒宁,嘉靖殷邦。至于小大,无时或怨",就是说高宗小时候曾在外行役,和小人一起劳作,直到他继承王位,并为其父居庐守丧,沉默寡言三年。由于群臣知君能尽孝,故高宗偶尔言谈时,大家都能和悦从之。高宗始终不敢荒废政事贪图安逸,所以能把殷国治理得国泰民安,从小人到大臣无人发怨言。至于祖甲,"不义惟王,旧为小人。作其即位,爰知小人之依,能保惠于庶民,不敢侮鳏寡"。就是说祖甲的父亲武丁欲废长(祖庚)立小(祖甲),祖甲认为这样做不义,便自己逃亡到民间长期当小民。等到他做了君王后,于是能理解小民的疾苦,所以常施惠于小民,更不敢轻慢那些鳏寡孤独之人。

　　除列举殷朝的几个清明君主之外,周公又列举周朝的太王、王季、文王等几个先王,称赞他们"克自抑畏"(自我克制,谦虚谨慎),"卑服"(从事卑贱的工作),"即康功田功"(修整道路,耕种田地),"徽柔懿恭,怀保小民,惠鲜鳏寡"(善良仁慈,爱护小民,施惠于鳏寡孤独之人),"自朝至于日中昃,不遑暇食,用咸和万民"(从早晨到中午到下午,忙碌到无暇吃饭,以这种精神来治国安民),"不敢盘于游田,以庶邦惟正之供"(不敢把邦国缴纳的赋税用于游猎玩乐)。(《尚书·无逸》)

　　综上可见,周公强调的君德主要有三方面的内容:其一是"勤政"。周公告诫辅佐过文王的老臣:"尔知宁王若勤哉?"就是说,你们难道不知道文王是如何勤于政事的吗？又说："天亦惟用勤毖我民。"(《尚书·大诰》)就是说老天爷命令我们要勤谨。周公自己就很勤政，成王称赞周公"勤施于四方""文武勤教"(《尚书·洛诰》)。其二是"节性"。所谓"性"，是指人的性情欲望。"节性"就是要节制自己的性情欲望，不能贪图安逸享受。特别对享有特权的君王来说，"节性"是关系到稳固政权的大事。周公多次分析"节性"的重要性，认为夏桀因为"大淫泆"而亡国，商纣因为"惟荒腆于酒，不惟自息乃逸"而引起上天和民众的不满，"故天降丧于殷"(《尚书·酒诰》)。所以，君王应"不敢荒宁"(《尚书·无逸》)，"不敢自瑕自逸"，"罔敢湎于酒"(《尚书·酒诰》)，等等。其三是"惠爱"。所谓"惠"即"赐"之意。(《广雅·释言》)周公特别强调君王要"惠于庶民"，"惠鲜鳏寡"。肯不肯惠于庶民、鳏寡，关键看统治者对他们是否具有爱心。周公指责殷统治者是"尔心未爱"(《尚书·多士》)，当然就谈不上惠于庶民、鳏寡了。

周公强调君德当然并不仅是为提高君王个人道德修养，更重要的是为了以"德"来治国，故君德必须表现为政德。周公在给即将到殷地上任的康叔的诰词中提出了一条重要的治国原则，即"明德慎罚"。周公说："孟侯，朕其弟，小子封。惟乃丕显考文王，克明德慎罚，不敢侮鳏寡，庸庸，祇祇，威威，显民。用肇造我区夏，越我一二邦，以修我西土。"(《尚书·康诰》)这段话的意思是说：康叔，我的弟弟，年轻的封啊！只有你那英明的父亲——文王能够崇尚德教，慎用刑罚，不敢欺侮那些无依无靠之人，任用那些应当任用之人，尊重那些应当受尊重之人，惩罚那些应当受惩罚之人，并让庶民了解他的这种治国之道，这样才在中夏开创了我们周国，并不断扩大我们的领土，把我们西土治理得很好。周公要求康叔要很好地继承文王的传统，依据文王的德教来治理国家，而不是靠严刑酷法。所以周公特别叮嘱康叔要"敬明乃罚"，即要小心谨慎而不失严明地对待刑罚，千万不能随心所欲地滥施惩罚。要"弘于天，若德裕乃身，不废在王命"(《尚书·康诰》)，就是说要像上天那样宏大,并具有美德,就能继承和发展先王的事业。周公继续教导康叔说:"呜呼!封,敬哉!无作怨,勿用非谋非彝,蔽时忱。丕则敏德,用康乃心,顾乃德,远乃猷裕。乃以民宁,不汝瑕殄。"(《尚书·康诰》)就是说:"封啊!治国要谨慎,不要有怨恨情绪,不要采用错误的政策和不合国家大法的措施而隐蔽了自己的诚心。要修明品德,安定心思,检查德行,深谋远虑,从而使民安宁,你就不会因为过错而被推翻了。康叔被封殷地,如何治理好"殷余民"是关系到周政权能否巩固的头等大问题,所以周公为康叔制定了一条"勿庸杀之"的宽大政策,即对过去那些为非作歹的罪犯、杀人抢人的罪犯、刺探国君情报的罪犯、残害别人身体的罪犯都要宽恕。还要教化国民不要互相残害,不要互相虐待,对于无夫无妻的老人要尊敬,对怀孕的妇女更要照顾,如果他们犯了罪也要宽容,等等。总之,对曾经是敌对关系的"殷余民"不能采取严厉镇压措施,只能采取怀柔、教化政策,唯有如此,才能使周王的子子孙孙永远保有"殷余民",永远维持其统治。

周公不仅建立起了以"德"治国的"德治主义"伦理政治、伦理模式,而且还建立了以"孝"治民的宗法伦理道德规范。

"孝"字最早见于殷商卜辞及金文,主要是用作地名和人名,尚不具有道德的含义。"孝"的道德观念是在西周个体家庭经济的基础上形成的。"孝"的道德观念一方面是对氏族社会基于血缘关系的"亲亲"感情的继承,另一方面则是对西周社会个体家庭中父母与子女的抚养赡养、财产继承等权利和义务关系的反映。

周公告诫康叔曰:"封,元恶大憝,矧惟不孝不友。子弗祗服厥父事,大伤厥考心;于父不能字厥子,乃疾厥子;于弟弗念天显,乃弗克恭厥兄;兄亦不念鞠子哀,大不友于弟。惟吊兹,不于我政人得罪,天惟与我民彝大泯乱,曰:乃其速由文王作罚,刑兹无赦。"(《尚书·康诰》)这段话的意思是说,那些罪大恶极之人,也是不孝顺不友爱之人。当儿子的不恭敬地按父亲的要求做事,大伤父亲的心,当父亲的就不会疼爱他的儿子,反而厌恶其子;当弟弟的不顾天伦,不尊敬他的哥哥,当哥哥的也就不顾念幼小的弟弟的痛苦,对弟弟极不友爱。父子、兄弟之间竟然到了这种地步,执政的人还不惩罚他们,上帝赐给我们统治民众的大法就会遭到严重破坏。所以说,你就应该赶快运用文王制定的刑法来严厉惩罚这些人,而不要宽恕他们。

父慈、子孝、兄友、弟恭,这就是周公建立的宗法伦理道德规范,而"孝"则是这套伦理道德规范的核心。如果说"父慈"尚体现了原始的血缘亲情关系,那么,"子孝"则从本质上反映了父子之间的权利和义务关系。马克思说:"一夫一妻制使父子关系确实可靠!而且导致承认并确定子女对其先父财产的独占权利"①。正因为子女享有继承父母财产的权利,因而也就必须承担赡养、尊敬、服从父母的义务。可见,"孝"的道德观念是对父权制家庭经济关系的反映,反过来又成为维系父权制家庭以至整个宗族的纽带。周公对于"孝"的维系家庭和宗族的作用有十分清醒的认识,所以他告诫四方诸侯和殷国旧臣说:"尔室不睦,尔惟和哉。"(《尚书·多方》)作为子孙必须"永言孝思"(《诗经·大雅·下武》),对先祖祭礼不绝,则可维系宗法系统"千万斯年"。"孝子不匮,永锡尔类"(《诗经·大雅·既醉》),"孝"的作用昭然若揭。

周人对"孝"的规定,根据不同的对象而有不同的内容。对于普通老百姓而言,"孝"主要是指赡养、恭敬父母。周公在《酒诰》中告诫殷遗民说:"嗣尔服肱,纯其艺黍稷,奔走事厥考厥长。肇牵车牛,远服贾,用孝养厥父母。"(《尚书·酒诰》)意思是说,从今以后,你们要尽力劳动,专一于农事,要为你们的父兄奔走效力。在农事完毕以后,你们就可以赶着牛车,到外地做些买卖,以孝敬、赡养你们的父母。如果"子祗服厥父事,大伤厥考心"(《尚书·康诰》),那就是"不孝"了。对

---

① 马克思:《摩尔根〈古代社会〉一书摘要》,第63页。

于天子、诸侯和宗子等统治者而言，"孝"还包括祭祀先祖。因为他们是宗法系统中的嫡长子，只有他们才有继承君位和宗子位的资格和权力，因而也只有他们才能祭祀先祖。周人把统治者祭祖称之为"追孝""享孝"，如"追孝于前文人"（《尚书·文侯之命》），"率见昭考，以孝以享"（《诗·周颂·载见》）等。通过"追孝"先祖来显示嗣承先王统治地位的权力，以继承先王的德业，这就是统治者"追孝"的实质所在。

周公为了让"德""孝"等伦理内容落到实处，还特别制定了一整套"礼"的行为规范。只有人们的行为被严格控制在等级秩序的范围中，才可能产先"德""孝"的道德自觉，这是周公制礼的良苦用心所在。

三、周公伦理思想对后世的影响

如前所述，周公的伦理思想奠定了整个华夏民族的伦理基础，其深远影响是不言而喻的。这里仅就周公伦理思想被孔、孟儒家所继承和发展的情况做一粗略分析。

众所周知，孔子是十分崇敬周公的，而在周公的丰富思想中，孔子又尤为推崇周公的伦理道德思想，以至在孔子一生的教育活动中，道德教育成了最基本、最主要的内容。所谓"子以四教：文、行、忠、信"（《论语·述而》），这里的"文"，主要指周代礼乐文化和《诗》《书》等文献，其内容当然是以伦理道德为主要内容。这里的"行"则是指道德实践。对此，孔子说得很清楚："弟子入则孝，出则弟，谨而信，泛爱众，而亲仁。"（《论语·学而》）这里的"忠"和"信"更是直接讲道德原则。通观一部《论语》，基本上都是在讲做人的道德原则。在孔子看来，道德乃做人之本。"君子务本，本立而道生。孝弟也者，其为仁之本与！"（《论语·学而》）孔子的伦理思想集中于他的"仁学"，而其"仁学"又是对周公"孝"伦理思想的继承和发展。

孔子的"仁"究竟是指什么？在《论语》中，"仁"字出现过109次，有各种各样的解说。但归结起来，"仁"就是一个"爱"字，其他解说都是由此引申出来的。从字义上看，"仁，亲也，从人从二"（《说文解字》）。孔子自己也是这样解释"仁"的：樊迟问仁,子曰"爱人"(《论语·颜渊》)。究竟爱什么人？对此,学界看法不一,有人认为是指奴隶主贵族,也有人认为是泛指相对于己而言的他人,既可以是贵族,也可以是民,甚至可以是奴隶。前一种看法显然是从阶级对立的角度而言的,把人性简单化了。后一种看法符合孔子"泛爱众"(《论语·学而》)的本意,但没有说清与基督教"博爱"的区别。实际上,孔子的仁爱思想是对周公建立在宗法血缘关系基础上的"孝亲"思想的继承和发展。孔子把父子之间的这种"爱"视为最真挚、最纯洁、最无私的爱,甚至连"父为子隐,子为父隐"(《论语·子路》)这种违背社会道德的做法,孔子也能原谅,认为这是出于"血缘亲情",是最真挚的爱的体现。正是这种"爱亲"成为"仁"的最深层的心理基础。所以,孟子也认为,"亲亲,仁也"(《孟子·尽心上》),"仁之实,事亲是也"(《孟子·离娄上》)。

父慈、子孝、兄友、弟恭,这些"亲亲"之爱成为"仁"的根本。按照推己及人的原则,孔子进一步把"爱亲"推至"爱人",主张"泛爱众"。这就把周公的"孝亲"思想大大推进了一步,把家族伦理上升为社会伦理,故孔子提倡行"仁"德于天下。据《论语·阳货》记载:"子张问仁于孔子。孔子曰:'能行五者于天下,为仁矣。'请问之。曰:'恭、宽、信、敏、惠。恭则不侮,宽则得众,信则人任焉,敏则有功,惠则足以使人。'"这里的"恭、宽、信、敏、惠"都是"泛爱众"(仁)的具体表现。

孔子的"泛爱众",不仅超越了家族,而且超越了民族。《论语·子路》记载:"樊迟问仁。子曰:'居处恭,执事敬,与人忠,虽之夷狄,不可弃也。'"也就是说,孔子要把他的仁德思想推及"夷狄"这些少数民族。所以,孔子曾有过"子欲居九夷"(《论语·子罕》)的打算,去实现所谓"君子所过者化"(《孟子·尽心上》)的抱负。正是孔子这种"泛爱众"的仁德思想指导华夏民族在以后统一中华民族的历史岁月中取得了极大的成功。

孔子把"泛爱众"运用于治民,就是要求统治者"养民也惠",对老百姓既要"教之"又要"富之"(《论语·子路》),要"因民之所利而利之"（《论语·尧曰》），甚至要求"博施于民而能济众"（《论语·雍也》）。孔子坚决反对统治者对民施行残暴统治。《论语·颜渊》记载："季康子问政于孔子曰：'如杀无道，以就有道，何如？'孔子对曰：'子为政，焉用杀？子欲善而民善矣。君子之德风，小人之德草，草上之风，必偃。'"也就是说，统治者的个人品德是十分重要的，统治者能以善待人，老百姓也必然随之为善。何必用严刑酷法来统治人民呢？！这种"为政以德"的思想是对周公"敬德保民"思想的进一步深化与发展，并为孟子的"仁政"学说奠定了思想基础。

如果说"爱人"是行"仁"的根本原则的话，那么，"忠恕"就是行"仁"的具体方法了。正如曾参所概括的那样："夫子之道，忠恕而已矣。"（《论语·里仁》）所谓"忠"，就是尽己为人，即"与人忠"（《论语·雍也》）；所谓"恕"，就是孔子自己所说的"其恕乎！己所不欲，勿施于人"，"躬自厚而薄责于人"（《论语·卫灵公》）。即我们平常所说的"将心比心"，"严于律己，宽以待人"，"亲者严，疏者宽"。"忠"与"恕"分别从积极方面和消极方面体现了"爱人"原则，使人与人之间互相尊重、互相宽容、互助友爱。这种待人原则不仅成为中华民族的优良传统，而且成为今天处理国际关系的一条准则。

孔子的"仁学"一方面继承和发展了周公的"孝亲"伦理思想，另一方面又糅合了周公的"礼制"思想。在孔子看来，"礼"并不只是一种仪式，因为通过"礼"这种仪式可以培养和体现人们的"仁爱"思想。"仁"是人们内心自觉的道德意识，"礼"是外在的道德规范。有了"仁"，必然会遵守"礼"；没有"仁"，也可通过"礼"的规范来达到"仁"。所以，孔子认为："克己复礼为仁。一日克己复礼，天下归仁焉。"（《论语·颜渊》）当然，孔子所推崇的周礼实质上是一种维护宗法等级制的礼制，尽管孔子也主张做些"损益"，但并不改变其实质。所以孔子主张的"仁爱"是通过等级森严的礼制来体现的，是按照宗法等级秩序即尊卑、贵贱、亲疏的顺序来爱人的，既荀子所说："亲疏有分，则施行而不悖"（《荀子·君子》）。故主张"兼爱"的墨家批评儒家的"仁爱"是"亲亲有术"(《墨子·非儒上》),爱有差等,并不是没有道理的。这种建立在宗法血缘关系基础上的、爱有差等的"泛爱众"思想与基督教的"人人皆兄弟"的"博爱"思想的区别是显而易见的。

综上所述,孔子的"仁学"思想建立起了"君君、臣臣、父父、子子"这样一种伦理模式,在严格的尊卑、贵贱、亲疏的宗法等级秩序中,注入一种"父慈子孝""兄友弟恭""君礼臣忠""君惠民信"的温情脉脉的人伦关系。这种伦理模式从另外的意义上讲也是一种政治模式。"政治伦理化"或"伦理政治化",这正是中国政治或中国伦理的特征所在。

孟子的"仁政"思想就是在周公的"德治"和孔子的"仁学"基础上建立起来的。

周公强调"德治",其主要意图是要求君王树立起一个道德楷模,提高君王的威信,唯有如此,才能"得民"。孔子的"仁学"则强调了作为一个君子应该具备"仁者爱人"的本性。道德并非君王个人所垄断。孟子则进一步指出每一个人都具有"仁心"(即恻隐之心、羞恶之心、辞让之心),从而确立起他的"性善说"。将他的"性善说"推广到伦理领域,就有了"父子有亲、君臣有义、夫妇有别、长幼有序、朋友有信"的"五伦"道德准则;将他的"性善说"推广到政治领域,便建立起了"以不忍人之心,行不忍人之政"(《孟子·公孙丑上》)的仁政学说。

孟子认为,只有行"仁政",才能平治天下,才能"治天下可运之掌上";反之,"不以仁政,不能平治天下"。(《孟子·离娄上》)为什么行"仁政"能平治天下呢?孟子认为,行"仁政"能"得民心",而是否"得民心"是能否"得天下"的关键。他分析说:"桀纣之失天下也,失其民也;失其民者,失其心也。得天下有道,得其民,斯得天下矣;得其民有道,得其心,斯得民矣。"(《孟子·离娄上》)行"仁政","推恩"于民,如"制民之产","省刑罚,薄税敛,深耕易耨"等,民就会"中心悦而诚服也"(《孟子·公孙丑上》),就会"亲其上,死其长矣"(《孟子·梁惠王下》)。以"推恩"换"感恩",以"惠民"换"忠心"(实质上就是"忠君"),这就是孟子主张推行"仁政"的实质所在。

第六章　周公的礼制体系
——完善国家制度

　　"制礼作乐"，是世代所公认的周公一生的主要功绩之一。周公的"制礼作乐"，实际上就是建立周代的一系列制度，它涉及政治、经济、法律、宗法、礼仪、祭祀、教育等制度及乐舞活动，是对周人的社会政治文化活动的各个方面的较全面的规范。有关周公"制礼作乐"的一些内容，我们在"法律思想""政治思想"及"音乐文化实践"等章都有评述，本章只探讨其中的几个重要方面。

一、政权机构

　　自夏王朝建立以来，中国古代社会由原始社会末期的氏族制度逐渐演化出国家权力机构。由于夏代没有文字留存，其政治制度的情况难知其详。商代政权组织的设置情况，则有较多的文献记载。郭沫若在《金文所无考》中指出，《尚书》中的《康诰》《酒诰》《召诰》《君奭》诸篇所说"侯甸男邦采卫"，"均商代官制之孑遗"①。因此，周代政权机构并不是在没有先例可循的情况下凭空产生的，而是在前代的基础上建立起来的。但是，由于夏商时期政权机构规模较小、较简单，因此，周代政权机构的设置又不是对前代的简单重复。据《通典》记载，夏、商、周三代职官数为"夏百二十员，殷二百四十员，周六万三千六百七

---

　　①　郭沫若著：《金文丛考》，人民出版社 1954 年版，第 29 页。

十五员"(卷十九《职官一》),这一数据的真实性虽未准确,但也反映了三代政权机构不断扩大和完善的发展趋势。

西周政权机构的特点是"内外服"的设立。所谓"内服",即在中央任职的各级官吏;所谓"外服",即被分封于王畿范围以外和边远地区的贵族、侯伯。"内外服"的提法源于《尚书·酒诰》中周公对康叔的训诫:"越在外服,侯甸男卫邦伯;越在内服,百僚庶尹、惟亚惟服、宗工越百姓里居。"郭沫若曾说:"《酒诰》之外服、内服即外官、内官"①,即"内外服"本于商制。这一看法不能说没有道理,但没有指出周公的"内外服"与商代"内外服"的区别。

根据《国语·周语》记载,祭公谋父说:"夫先王之制,邦内甸服,邦外侯服,侯卫宾服,蛮夷要服,戎狄荒服。"同一文献中还有"昔我先王之有天下也,规方千里以为甸服"的记载。这说明,周人在服制上确有创新,并非完全因袭殷商旧制。

改革服制,建立"内外服"新体制的这个"先王"是谁呢?根据金景芳先生的考证,这位"先王"就是周公②。我们认为,这个观点是能够成立的。因为在西周历史上,能够进行大量制度创新工作的人唯有周公,并且正如我们前面已考证过的,周公也的确有称王的历史,因此,这一推断是符合逻辑的。"内外服"改革,正是周公"制礼作乐"的一项重要内容。

商代中央政府就已具有较大规模和较严密的分工体系。在《尚书》中,就载有不少辅政大臣所司职的"尹""保衡""臣""巫"等官名,在殷商甲骨文中还有"奭"这个官名。商代主要辅政大臣也称为"相"。《史记·殷本纪》载,武丁时傅说被"举以为相,殷国大治"。据文献记载,伊尹、傅说、文王等商代重臣都曾为"三公"。商代的政务官员,主要有"宰""卿事""多尹""御事""事"等,已经具有相当规模和

① 郭沫若著:《金文所无考》,见《金文丛考》,人民出版社1954年版,第29页。
② 金景芳著:《中国奴隶社会史》,上海人民出版社1983年版,第124页。

明确的分工,但尚不完善。

西周初期,成王年幼时,据传周公曾为太傅,召公曾为太保,他们作为重要辅政大臣总宰过一切政务。根据周公所制定的礼制,周朝的政务是由六官执掌的。六官的情况,根据《周礼》的记载,大致是这样的:六官按天、地和春、夏、秋、冬排列。其中,天官称冢宰,掌邦治,统百官,总揽内政;地官称司徒,掌管全国的教育;春官称宗伯,掌邦礼,主管全国宗教、文化事务;夏官称司马,掌军事;秋官称司寇,掌邦禁,主管司法事务;冬官称司空,掌百工之事,即经济事务。

官府属员爵位分别为公、卿、大夫(中大夫、下大夫)、士(上士、中士、下士)。设具体办事的府、史、胥、徒等吏员,官府中绝大多数职位,都有固定人数。六官中的每一官,其所属官职都较多,其中地官司徒属官最多,达七十八种。如果加上后补入的冬官(即《考工记》)所载的属官数目,六官分职总计为三百七十八职。

在地方诸侯的管理上,商代称诸侯为"外臣",即在外之官,摆脱了夏代地方诸侯与中央政权的联盟关系。据考证,在殷商甲骨文中有侯35个、伯39个,还有子、男等,都是爵称,同时也是商王之臣。

周代在地方官体制上既承商制,又有较大发展。这就是关于"爵""谥"和"服"的明确规定。所谓爵,就是对统治集团成员尊卑等级的法律规定。所谓谥,就是其死后所加的美称。《周礼·大宰》郑玄注说:"爵为公侯伯子男卿大夫士也。"即诸侯有公、侯、伯、子、男五等爵禄,诸侯以下还有卿、大夫、士三等爵禄。诸侯们的爵位不同,其受封土地亦不相同。《礼记·王制》说:"天子之田方千里,公侯田方百里,伯七十里,子男五十里。不能五十里者,不合于天子,附于诸侯,曰附庸。"《周礼·大司徒》则说,公方五百里,侯方四百里,伯方三百里,子方二百里,男方百里。由于孟子是赞成《礼记》的说法的,加之《周礼》记载的封土过多,不足信,故人们一般相信《礼记》的记载。

商代的"外服"(亦称"外臣")体制的详情,并无权威的规定流传下来,这极有可能是由商代服制的简单性所造成的。周代对王畿外围地方以五百里为一个单位,按距离远近分秩列等,这就是"服"。不同"服"的国家所服贡赋的轻重是不同的。关于周代服制的具体分等,有两种说法:一为"五服",即前面引述过的祭公谋父所言的甸服、侯服、宾服、要服和荒服等;二为"九服",即《周礼》所说:"职方氏……乃辨九服之邦国,方千里曰王畿,其外方五百里曰侯服,又其外方五百里曰甸服,又其外方五百里曰男服,又其外方五百里曰采服,又其外方五百里曰镇服,又其外方五百里曰藩服。"这两种说法是否相互矛盾?谁真谁假?我们认为,它们并不矛盾,也无所谓谁真谁假。原因在于外服制是在周王朝疆域不断扩大的过程中持续推行的。祭公谋父所述之"先王之制"即"五服制"当为周初周公制礼时的疆土,而"九服"则应为西周鼎盛时期之疆土。

周代服制确有新的创造,其制定者当为周公。此问题前面已论述过。从"五服"到"九服"的变化来看,其具体执行情况在不同时期有所变化,但其基本原则仍是坚持周公制礼的传统。

周公所制定的中央政权体制及中央与地方的管理体制,对中国后来政治体制的形成和发展产生了深远影响。其中央与地方关系的处理已在政治思想部分探讨过了,这里不再重复。其六官建制的影响也是深远的。中国封建社会时期自隋唐以后的吏部、户部、礼部、兵部、刑部、工部等六部就是由此演变而来的,并成为历代官制的一个固定模式,不再移易。

二、经济制度

西周经济制度是以井田制为基础的。井田在商代就已有之,商王及各级奴隶主都各自经营井田。商王掌握着大量的"附庸土田",而将其余的土地交给各级奴隶主去经营。每当春耕和收获的时节,商王都要亲自去视察。可见商王室直接经营着大量的井田。奴隶们常常数百人以至上千人为商王和王室贵族耕作和收获。《孟子·滕文公上》说"殷人七十而助",孟子解释说:"助者,藉也",也就是借民力以助耕公田的意思。也就是说,每家要种七十亩土地,按十比一交纳贡赋。

西周井田制的情况,孟子说:"周人百亩而彻",孟子自己解释说"彻者,彻也"(《孟子·滕文公上》),玩了一个逻辑游戏,等于什么都没说。这可苦了后世研究者们。他们认为"彻"即"通""治""取"等,其说不一。我们认为"彻"释为"通"这个观点虽为不少人所承认,但似乎不解决问题,其他解释更难令人满意。"彻"法究竟为何法的问题,在没有令人信服的证据出现前,我们只好把它搁置起来,不妄加推测,不做牵强附会之论。好在有关"彻"法的一些基本问题,孟子已交代得较为清楚,用不着我们在猜字上过多地下功夫。

西周井田制的制定者究竟是谁呢?《国语·鲁语》中记载了孔子的一段话:"先王制土,籍田以力;赋里以入,而量其有无;任力以夫,而议其老幼。"这个先王是谁呢?孔子接着说:"若子季孙欲其法也,则有周公之籍矣。"这里明确地指出,周公就是西周井田制的制定者。可见,西周所推行的井田制,也是周公"制礼作乐"的一个重要组成部分。

周代经济是以农业为基础的。《周礼》就体现了周人十分重视发展农业。在《周礼》"九职任万民"的职业划分中,"九职"的前四项均属于广义的农业;"一曰三农,种九谷。二曰园圃,毓草木。三曰虞衡,'作山泽之材'。四曰薮牧,养繁鸟兽"(《周礼·天官》)。按周代礼制,周王每年必须参加"籍田"大礼。周王应于每年立春前九日事先斋戒沐浴,届时到王田上以农具拨一下土,表示亲自参加了耕种。为了保护农业,《周礼》规定应合理制定农业税赋,"凶年无力征,无财敛"(《地官·均人》)。《周礼》的重农政策与周公的思想是一致的。在《酒诰》中,周公对殷遗民说,你们今后要尽力劳动,专心致志地种好庄稼。在《无逸》中,周公对成王说:"先知稼穑之艰难,乃逸则知小人之依。"意思是说，先了解种田的艰难，这样，处在安逸的环境中也会知道种田人的艰辛了。在《多方》中，周公对诸侯们说："尔乃自时洛邑，尚永力畋尔田，天惟畀矜尔，我有周惟其大介赉尔，迪简在王庭，尚尔事，有服在大僚。"意思是说，如果你们能够乐于服从我们周国，能够永远种好你们的田地，上天就会怜悯我们，我们周国也会因此大大地赏赐你们，把你们提拔到朝廷中来，给你们职务，委以重要官职。由此可见，《周礼》的重农政策恰好体现了周公一贯倡导的重农思想，也应是周公"制礼作乐"的一个重要组成部分。

《周礼》也体现了周人十分重视商业。太宰的"九职任万民"序列中，第六职即"商贾，阜通货贿"，并且把对商贾的征税看成是国家财政的九项来源之一（《周礼·天官》）。为了管理好商贾，设立了大量官吏，如质人掌管各种货物的供求，廛人掌管商业税务，胥师负责取缔商人的作伪，贾师负责物价之平议，等等。这一政策与周公的思想是一致的。周公在《酒诰》中说："肇牵车牛，远服贾，用孝养厥父母。"意思是说，在农事完毕后，就可以牵着牛车，到外地去从事贸易，以孝敬父母。这表明，《周礼》的商业政策也是周公"制礼作乐"的一个组成部分。

周公在经济制度上的重农政策及思想对中国历史产生了重要影响。战国末年的《吕氏春秋·上农》说："古先圣王之所以导其民者，先务于农，民农非徒为地利也，贵其志也。民农则朴，朴则易用。"因此提出了"霸王有不先耕而成霸王者，古今无有"（《吕氏春秋·贵当》）的观点。以后，重农主义成为历代统治者们的基本国策。周公重农而不轻商的政策，却没能在后世统治者那里继承下来，以致"农本商末"成为历代不移的"传统"。我们在赞叹周公的明智的同时，也不得不对历史的畸变报以深深的遗憾。

三、礼仪制度

狭义的礼制是指礼仪,是礼中的一种礼节、仪式、仪文。周代礼制中的礼仪,主要记载于《周礼》和《仪礼》中。《周礼》只记载了王朝的礼仪,《仪礼》主要记载了士阶层的礼节和仪文,两部典籍互为补充,基本上反映了西周社会礼仪制度的全貌。

有关《周礼》与周公的关系,我们在"周公的法律思想"中已经探讨过了,这里不再叙述。《仪礼》也被历代不少学者视为周公所作。陆德明、孔颖达、韩愈等都持如是观点。《仪礼》到底与周公有何关系?与《周礼》相类似,周公以一人之力,要在短时间里完成《仪礼》这样繁而细的礼仪大典显然不可能。但由于礼仪在当时具有十分重要的社会地位,因而其制定活动不可能与作为周初实际的最高统治者的周公无关。对于这个问题,我们赞同杨向奎先生的观点。他说:"(《仪礼》)书虽不出于周公,其中的礼仪和原始的风俗习惯不同,是经过周初统治者加以改造,以适应社会需要,因此以现存《仪礼》作周公'制礼作乐'的部分内容,是说得通的。"[1]杨先生还列举了《左传》《论语》等古文献所记载的大量具体典礼的史实,证实《仪礼》所载的典礼条文早已在周代现实生活中普遍流行,这从根本上否定了那种认为《仪礼》纯属后人杜撰的伪书的观点,肯定了《仪礼》对于研究周公"制礼作乐"的礼仪方面的重要史料价值。

古代礼仪起源于原始氏族公社时期人们具有象征意义的种种仪式。作为一种传统习惯,在我国进入阶级社会以后仍然保存下来。孔子早就看到了"礼"久远的历史。他说:"殷因于夏礼,所损益可知也;周因于殷礼,所损益可知也。"(《论语·为政》)孔子不仅清楚周代礼制与前代礼制的传承关系,而且也看到了周代礼制对前代礼制的改

---

① 杨向奎著:《宗周社会与礼乐文明》,人民出版社 1992 年版,第 293 页。

造。周公在制定周代礼制的过程中，并非只是凭空创造，而是有所本的。但是，他又不是简单地重复前代礼制，而是把礼仪贯穿于不同阶层的周人的所有活动之中，建立了一套完整、周密甚至烦琐的礼仪系统，从而使礼仪在周代具有了全新的意义。

周代礼仪系统有两个划分标准。《周礼》把王朝的礼仪分为吉礼、凶礼、宾礼、军礼、嘉礼五类。《仪礼》把"士礼"划为士冠礼、士昏礼、士相见礼、士丧礼、士虞礼、乡饮酒礼、乡射礼、燕礼、大射、聘礼、公食大夫礼、觐礼、丧礼、既夕礼、特性馈食礼、有司彻等十七类。

《周礼·春官·大宗伯》说："以吉礼事邦国之鬼神祇"，"以凶礼哀邦国之忧"，"以宾礼亲邦国"，"以军礼同邦国"，"以嘉礼亲万民"。"五礼"中的每一种礼仪又有若干个具体礼仪。如"嘉礼"就有"以饮食之礼亲宗族兄弟，以昏冠之礼亲成男女，以宾射之礼亲故旧朋友，以饗燕之礼亲四方之宾客，以脤膰之礼亲兄弟之国，以贺庆之礼亲异姓之国"（《周礼·春官·大宗伯》）。"五礼"共包含三十五种具体礼仪。其中，除"嘉礼"的六种礼仪之外，一般都是王朝在各种重大场合中的礼仪。如"吉礼"是王朝祭祀之礼，以各种礼仪祭祀昊天上帝、日月星辰、司中司命风师雨师、社稷五祀五岳、山林川泽、四方百物、先王先祖。而祭祀先王就有六种不同礼仪。其中除了规模较大的"祫祭"和"禘祭"以外，还有规模较小的春、夏、秋、冬四时祭祀。

《周礼》作为一部主要记载周王朝职官系统的典籍，对王朝礼仪的记载甚少，这一不足正好由《仪礼》来弥补。《仪礼》的内容基本上为各种礼仪程序的具体规定。《仪礼》中所记载的十七种礼仪，可以分别归入《周礼》的吉、凶、宾、嘉四礼之中，尚缺军礼。不过，即使《仪礼》还有缺失，但其记载已相当详备，仍是一部不可多得的研究周代礼仪的珍贵文献。

我们以几个在西周社会中影响面较大的礼仪的主要程序、内容为例，管窥西周礼仪制度的基本面貌。

　　首先看看"冠礼"。《仪礼·士冠礼》和另一礼典《礼记·冠义》一章均记载了西周"士"以上的男子年满二十岁时所举行的冠礼。冠礼由青年男子的父亲在宗庙中主持举行。其程序是"筮日",即由筮人选择行礼的吉日。行礼前三天,"筮宾",即由筮人选择加冠的来宾。"戒宾",即正式邀请宾客。"宿宾",即促请宾客。行礼的时候,如果冠礼的青年为嫡长子,就必须站阼阶。因为阼阶是一家之主接待来宾的地方,即将加冠的嫡长子站在阼阶就表示,这个儿子将来可以继承父亲的地位成为家庭的主人。仪式开始后,有三次加冠。第一次加缁布冠。这是周代贵族男子所戴的普通帽子,它表示这个贵族男子成人了。第二次加皮弁。这是贵族男子所戴的一种比较尊贵的帽子,由几块鹿皮拼接而成。加此冠表示这个贵族青年有了参加兵役、保卫贵族的权利和责任。第三次加爵弁。这是一种红中带黑的帽子,加此冠表示这个青年男子取得了在宗庙中参与祭祀的权利。加冠之前,要由来宾发表祝词。加冠之后,还要接受来宾的敬酒。然后,冠者要见母亲。接着,由主持三次加冠的来宾为冠者取"字"。"字"是冠者作为成人在社交场合受到尊重的标志。儿时父亲所取的名,从此成为只有父亲和师长才能称呼的专名,朋友之间只能称呼其字。取字之后,还要见兄弟姊姊。最后,还要拜见国君,拜见乡大夫、乡先生。拜见国君时要携带"雉"(野鸡)作为礼品。在冠礼的每一个程序中,对参与礼仪活动的每一个人的言语和行为都作了严格的规定,不得违反。

　　再看看相见礼。《仪礼·士相见礼》记载了士与士相见之礼,及士见大夫之礼、大夫与大夫相见之礼、士大夫庶人见君之礼等。我们仅介绍"士相见之礼"。士做客拜访时,需携带礼物。冬天用雉作礼物,夏天用腒(干腌的鸟肉)作礼物。来客通报请见,主人回答不敢当,请对方回家,自己将登门造访。双方反复两遍对答以后,主人又说,听说你执了礼来,请把礼物收起。客人回答说,若不执礼来就不敢相见,请收下礼物。然后主人说,我让你收回礼物又得不到你的同意,只好从命了。于是，主人迎于门外，主客互拜。进门后，主人接受客人的礼物，客人出门后，主人再请客人进来。双方会见完毕以后，客人告退，主人送出门外，双方再拜后分手。这一过程，仅是"士相见之礼"程序的一半。按"礼尚往来"的规则，接受礼物的主人应执礼物回访对方。这一次，双方又互换角色，彼此像前次那样客气一番，并在会见时遵守同样的礼仪，直到主人将回访者送出门外，双方互拜分手后，整个"士相见之礼"才告完结。

最后我们再看看乡饮酒礼。根据《仪礼·乡饮酒礼》记载，乡饮酒礼的礼仪程序有如下内容：第一阶段，饮酒前的准备工作。由主人与乡先生商量邀请的宾、介（陪客）名单。然后，主人亲自通知宾客和陪客，宾、介与主人彼此客气一番，再应许下来。是为戒宾。接着，布置酒席的席次，只布置宾客、陪宾和主人席，众宾席不在此列。同时，陈设酒具及洗漱用具于指定位置。摆设完毕，主人亲自催促宾客入席。是为"速宾"。宾、介来临，主人带一"相"于门外迎接。双方三揖三让后，主宾分别登上阼阶、西阶，再拜。主宾彼此客气一番后盥洗。然后，进入献宾阶段。主人取酒爵置于宾之席前，谓之"献"。宾取酒爵于主人席前，谓之"酢"。主人再以觯自饮，然后再劝宾随饮，这叫"酬"。主宾之仪完毕后，主人与陪客之间按主宾程序互相"献""酢"。最后，主人向众宾献酒，众宾向主人献酒。第二阶段方告结束。献酒时都要陈设指定的食物。主人与宾、介献酒时荐上脯醢（干肉片和肉酱）和折俎（盛有折断的牲体的俎），主与众宾献酒时只有脯醢。每献酒一次，双方都需客套一番并盥洗。第三阶段是演奏音乐。首先，在主人与宾、介、众宾即席后，由一人向宾敬酒。此时，乐工四人升堂歌唱《鹿鸣》《四牡》等雅乐。接着吹笙者奏《南陔》《白华》等雅乐。吹奏几首雅乐后，每奏一首乐，又歌唱一曲雅乐，有《鱼丽》《南有嘉鱼》等。最后是合乐，笙奏与歌唱同时进行，曲目有《关雎》《葛覃》等。整个阶段曲目是固定的，共有十八个之多。第四个阶段即主、宾、介、众宾之间的互酬。主人以"相"为"司正",为自己"安于宾",宾于是酬主人,主人再酬介,介于是酬众宾。第五个阶段是入席者较随意地饮酒、吃肉。在司正受主人"请坐于宾"之命后,命弟子将折俎撤去,是为"彻俎"。然后,宾主脱履而坐,进酒肉至醉方止,称为"无算爵",此时乐工奏唱不断,称为"无算乐"。最后一个阶段是饮酒礼的结束。宾出时吹奏《陔》乐,主人送于门外,再拜。至此,这一日的礼仪暂告结束,但此次乡饮酒礼的全过程还未完。第二天,宾还要前来行拜谢之礼。这样,全部礼仪才算完结。

从《周礼》《仪礼》和《礼记》所记载的礼仪来看,其程序繁且多,内容极为格式化,过程冗长。贵族们在这些礼仪中衣食均极为讲究,往往整日整夜不断地像木偶一样重复着固定的言行。这些似乎与周公在《尚书》之《酒诰》《无逸》等诰词中有关禁酒、无逸和勤政的思想相矛盾。这正是人们否认这些礼仪为周公所制的有力证据。我们认为,这种矛盾现象的产生正是周王朝后代统治者们不断腐化后随之增添礼仪细节的结果。即便如此,从这些繁文缛节中,我们也不难发现周公当年制礼作乐之遗风。冠礼中的礼仪,既是对贵族男青年进行"亲亲"的教育,也是对他们进行"尊尊"的教育。这对于他们成年后明确自己的权利与义务,确立他们在宗族、社会中的一定地位,是大有益处的。相见之礼中的礼尚往来和互相谦让,并不是纯粹的虚情假意,而是一种社会交往中的公平规则和公德规范。它十分有利于避免误会和消除争斗。乡饮酒礼的要旨是敬贤尊老。其中奏唱的大量雅乐,是以寓教于乐的方式向会饮者不断强化礼与德的教育。在文化传播方式较为原始,传播媒介较为稀缺的周代,由周公所制作的大量礼仪,正好在不同场合频繁地充当了向贵族及普通百姓传播文化的有效载体。在中国早期文明史上,号称"礼仪三百,威仪三千"的宗周礼乐文明持续数百载的结果,对于华夏民族文化心理的积淀产生了决定性的影响。它所引导出的心理定式,经由景仰周礼的孔子等先儒的放大,最终使中国演变成"礼义之邦"。

四、教育制度

周公历来重视以道德教化而不是刑罚的方式来治理国家,即使是对殷遗民也是如此。周公此类思想在他的多篇诰词中都有体现,由于我们已在有关章节探讨过了,这里不再重述。周公重道德教化的思想,在其礼乐制度中就体现为对教育制度的重视。

根据《周礼·地官·大司徒》的记载,周代的教育范围已较广,不仅贵族及其子弟可以接受教育,就是平民也有受教育的权利。全国居民还要普遍实行十二种教育:"一曰以祀礼教敬,则民不苟;二曰以阳礼教让,则民不争;三曰以阴礼教亲,则民不怨;四曰以乐礼教和,则民不乖;五曰以仪辨等,则民不越;六曰以俗教安,则民不愉;七曰以刑教中,则民不虣;八曰以誓教恤,则民不怠;九曰以度教节,则民知足;十曰以世事教能,则民不失职;十有一曰以贤制爵,则民慎德;十有二曰以庸制禄,则民兴功。"这十二种教育的核心是道德教化,内容丰富、具体,有较强的针对性。

在西周礼制中,贵族子弟的教育占有相当重要的地位。《周礼·地官·师氏》规定,由师氏负责国子三德三行教育,"以三德教国子:一曰至德,以为道本;二曰敏德,以为行本;三曰孝德,以知逆恶。教三行:一曰孝行,以亲父母;二曰友行,以尊贤良;三曰顺行,以事师长"。由此可知,师氏掌管的是思想品德教育。《周礼·地官·保氏》还规定,由保氏负责六艺六仪教育,"乃教之六艺:一曰五礼,二曰六乐,三曰五射,四曰五驭,五曰六书,六曰九数。乃教之六仪:一曰祭祀之容,二曰宾客之容,三曰朝廷之容,四曰丧纪之容,五曰军旅之容,六曰车马之容"。保氏执掌的是知识、技能和礼仪教育。除此以外,周王朝还设有进行音乐舞蹈教育的专门学校。它由大司乐主持,负责教贵族子弟以乐德、乐语、乐舞,由乐师教他们以小舞。可见,周代贵族子弟的教育内容十分丰富、系统,比较有利于培养出国家所需的德才兼备的官吏。

西周的学校分为国学和乡学两种。其中,国学是中央官学,乡学是地方官学。国学又分为大学和小学两级。周代学校具有多重性质。其大学作为学校称"辟雍""太学",作为天子上朝处所叫"明堂",作为祭祀场所又是"太庙"。诸侯也可办大学,称为"泮宫"。周代乡学设置已形成高低有序的系列。《周礼·地官》说:"乡有痒,州有序,党有校,闾有塾。"《礼记·学记》则说:"古之教者家有塾,党有痒,术有序,国有学。"

有关西周教育制度的真实性及其是否为周公所制定的问题,按照疑古论者的观点,自然也是一个悬案。历年来出土的一些青铜器却提供了周公可能制定西周教育制度的证据。出土的康王时的"大盂鼎"提到了昭王幼年入学之事,铭文上有"小学"的字样。康王时的"麦尊"上有"辟雍"的名称。康王是成王之子,其当政年代距周公制礼作乐相去不过三十余年。此时学制已相当完备,不少青铜器上都记载了周天子、太子及一般大臣、学生在"辟雍""学宫""大池""射卢"习射和作乐舞的情况。这表明,周公在世时,西周教育至少已按照他的设计初具规模了。尽管他的一些规划当时可能还来不及施行,但大致在成王时期,其教育政策可能已全面实施。

西周在教育上实行的是政教合一的官学制度。官与师是合一的,教师本身就是官吏。如大司乐、师氏、保氏等,本身就是掌握一定权力的官吏,同时又是高级的教师。这是因为西周典章文物、图书资料及演习礼乐射舞的器具均由国家专管,需学者得向主管部门的官员学习,这就是"学在官府"。官学不分,一方面固然是西周王朝奉行"天佑下民,作之君,作之师"的学术垄断政策所决定的,另一方面也与西周时期生产力水平不够发达有直接关系。由于生产力不发达,不可能供养更多的专门从事脑力劳动的文化人,在客观上就限制了官学分离。这是一种不以人的意志为转移的必然性,即周公这样具有大智慧的人,也不可能摆脱其束缚。到春秋战国时,随着生产力水平的提高,专门从事文化教育工作的"士"阶层足以谋生,"学在官府"的局面就轻易地被打破了。因此,我们没有必要在"学在官府"问题上过多地指责周公。毕竟,周公是人不是神,他也无法摆脱历史的局限。

西周灭亡以后,春秋战国时期私学大兴。在以后的两千余年历史上,虽历代基本上都呈官学、私学并举的局面,但官学与西周官学一样,均分中央官学和地方官学两种。只是官学不再只收贵族子弟,平民子弟也能入学。封建时代官学始于西汉。汉武帝时,董仲舒以周公教化之功,建议仿周学制,兴办太学。他说:"武王行大谊,平残贼,周公作礼乐以文之,至于成康之隆,囹圄空虚四十余年。此亦教化之渐而仁谊之流,非独伤肌肤之效也。……太学者,贤士之所关也,教化之本原也。……臣愿陛下兴太学,置明师,以养天下之士,数考问以尽其材,则英俊宜可得矣。"(《汉书·董仲舒传》)以后历代统治者都沿用汉太学的办法兴办官立大学。西汉王莽当政时十分重视太学教育。这个热衷于《周礼》的复古主义者,完全仿周制建太学。元始三年(3年),"王莽奏起明堂、辟雍、灵台,为学者筑舍万区,作市、常满仓,制度甚盛"(《汉书·王莽传》)。王莽此举自然是为了给人一个德比周公的印象。果然,君臣赞美不已:"昔周公奉继体之嗣,据上公之尊,然犹七年制度乃定。夫明堂、辟雍,堕废千载莫能兴,今安汉公(王莽)起于第家,辅翼陛下,四年于兹,功德烂然。"(《汉书·王莽传》)不过,王莽用意虽卑劣,但使太学规模空前发展,学生人数超过一万人。在当时,这是十分不易的。东汉明帝时期,出现了专收四姓外戚子弟的"四姓小侯学"。这种贵族学校就是西周专为贵族子弟设立的官立学校的复活。以后历代王朝大多设有专为贵族子弟设立的,区别于平民子弟也能进入的太学的这类学校。西晋设立了只有五品官以上子弟才能入的贵族大学——国子学。唐代弘文馆和崇文馆只为皇室宗亲和高官子弟开放,创贵族学校之最。唐代国子学则是地位略低于上述二馆的贵族学校,但入学资格必须是文武三品以及有相当品级官员的子孙。清代还有专为皇族子弟设立的宗学、为爱新觉罗子弟设立的觉罗学等贵族学校。

五、祭祀制度

祭祀活动源于原始社会。那时人们由于认识水平低下,对诸如人的生死、做梦及雷电等现象难以形成正确的认识,因此产生了鬼神观念,进而出现了神灵崇拜。人们最初希望用巫术去取悦神灵,于是有了祭礼活动。正如法国人类学家马伯乐所指出的那样:"古代巫术正是宗教的基础。虔诚的、要想获得神的恩惠的人,除非双手抓住神,否则就没有成功的机会。而这只有通过一定数量的典仪、祭品、祷词和赞歌等才能做到"①。因此,原始时代的人们,总是把祭祀活动作为一项基本活动。中国古代的祭祀活动在"三代"时期仍很活跃。夏代祭祀活动已无资料可考;商代祭祀的情况,可见于甲骨文和先秦文献;殷人所祭祀的神,只是一个喜怒无常、降祸于人的神。为了达到祈求神灵保佑的目的,殷人极其频繁地进行祭祀。

周人的祭祀制度是对殷人的继承。这一点从周武王伐纣时指责纣王"昏弃厥祀""宗庙不享"等罪状就可以推知一二。周武王正是以继承殷商传统祭祀为号召发动灭商战争的。据史料记载,周人十分重视祭祀活动。《尚书·武成》说,武王伐商时,"告于皇天后土、所过名山大川","祀于周庙","执豆笾","大告武成"。《史记·周本纪》也说,武王伐纣后,"其明日,除道,修社及商纣宫"。和殷商时代一样,周初的祭祀活动也是十分频繁的。

在周初的祭祀活动中,周公是一位极其重要的人物。《尚书·金縢》中就记载了周公的多次祭祀活动:"既克商二年,王有疾,弗豫","(周)公乃自以为功,为三坛同墠。为坛于南方北面,周公立焉。植璧秉珪,乃告太王、王季、文王"。这里详细记载了周公在灭商后第二年,为武王之病而向历位先祖祈祷的祭祀场面。《召诰》中说,周公在把执

---

① 弗雷泽:《金枝》,中译本,第81页。

政经验传授给成王时,也要求后者"肇称殷礼,祀于新邑",也就是说用殷代旧制,祭祀于新都。成王听从了周公的劝告,来到新都举行了祭祀活动。《洛诰》中说:"王在新邑烝祭","王宾杀禋咸格,王入太室裸"。意思是说,成王在新都先后举行了冬祭、燎祭,祭祀文王、武王及历代先王。

周公重视祭祀的思想必然体现于礼制体系之中,这就导致了比殷商时代更为完备的祭祀制度的产生。今存《周礼》中的祭祀制度,虽不是周公亲手制定的,但也反映了在周公"制礼作乐"中有关祭祀的一些基本面貌。

据统计,《周礼》中涉及祭祀职责的官属,在《地官》中有三十二个,《春官》中有四十八个,《夏官》中有二十八个,《秋官》中有十二个,共计一百五十九个职位,占全部官职的将近一半。足见在周代祭祀是王朝的一项重要的日常事务。《太宰》规定,太宰"以八则治都鄙",其中第一则就是"祭祀,以驭其神";"以九式均节财用",其中第一式便是"祭祀之式";"以九贡致邦国之用",其中第一贡便是"祀贡"。《小宰》规定,小宰以官府之六联合邦治",其中第一联合就是"祭祀之联事";以法掌七事,其中第一事便是"祭祀"。《大司徒》规定,大司徒对民施十二教,其中第一教便是"以祀礼教敬"。《大宗伯》规定,大宗伯的最重要职责便是"掌建邦之天神、人鬼、地祇之礼",几乎所有祭祀活动都由大宗伯主持。《小宗伯》规定,小宗伯"掌建国之神位,右社稷,左宗庙","掌四时祭祀之序事与其礼"等。

周人祭祀不同于殷人之处,在于他们摆脱了祭祀活动的散漫、零乱状态,使祭祀活动形成了一套完备、严密的体系。除了祭祀对象更为系统以外,他们对祭祀活动的每一个方面都有了系统、严格的规定。

首先,不同的祭祀活动,其祭品有别。"立大祀,用玉帛、牲牷。立次祀,用牲帛。立小祀,用牲。"(《周礼·春官·肆师》)

其次,祭器亦有区别。"四圭有邸,以祀天、旅上帝。两圭有邸,以祀地、旅四望。祼圭有瓒，以肆先王，以祼宾客。圭璧，以祀日月星辰。璋邸射，以祀山川，以造赠宾客。"（《周礼·春官·典瑞》）

再次，对不同祭祀活动的服饰也有严格规定："王之吉服：祀昊天上帝，则服大裘而冕，祀五帝亦如之；享先王，则衮冕；享先公，飨，射，则鷩冕；祀四望山川，则毳冕；祭社稷、五祀，则希冕；祭群小，祀则玄冕。……公之服，自衮冕而下，如王之服。侯伯之服，自鷩冕而下，如侯伯之服。子男之服，自毳冕而下如侯伯之服。孤之服，自希冕而下，如子男之服。卿大夫之服，自玄冕而下，如孤之服。"（《周礼·春官·司服》）

最后，不同祭祀活动的乐舞也有明显的区别。《周礼·春官·大司乐》记载：大司乐"乃分乐而序之，以祭、以享、以祀。乃奏黄钟，歌大吕，舞云门，以祀天神；乃奏大蔟，歌应钟，舞咸池，以祭地祇；乃奏姑洗，歌南吕，舞大磬，以祀四望；乃奏蕤宾，歌函钟，舞大夏，以祭山川；乃奏夷则，歌小吕，舞大濩，以享先妣；乃奏无射，歌夹钟，舞大武，以享先祖"。

综上所述，我们可以得出这样一个结论：以周公为代表的周初统治阶级已完成了祭祀由自然宗教向伦理宗教的转变。周代祭祀与其说是为了取悦于诸神祇，毋宁说是做给活着的人看。其严格的等级规定与宗法制度紧密配合，对人们的思想和行为起到了强制性规范的作用。祭祀制度已完全融入宗周礼乐文明之中。

周代祭祀制度对中国以后历代祭祀活动产生了十分明显的影响。虽然具体的祭祀情况各代有别，但直到清代末期，各种祭祀活动仍是王朝的一项极为重要的工作。从表面上看，中国传统文化神鬼众多，祭祀不断，然而，人们对于祭祀活动却是完全持实用的立场。正如孔子所说："祭如在，祭神如神在。"（《论语·八佾》）人们祭祀鬼神，却并没有在超自然的神力上做文章，而是非常理性地对待祭祀，借以治国安邦。这种理性的祭祀观的产生，正是周公所倡导的祭祀制度的必然结果。

第七章　周公的音乐创作
——寓教于乐

中国古代音乐文化的历史十分悠久。《吕氏春秋·古乐》就记载了上古时期人们制作五弦瑟、"三人操牛尾,投足以歌"和"民气郁阏而滞著,筋骨瑟缩不达,故作为舞以宣导之"等史事。虽然其可信度难以确定,但从考古资料来看,华夏先民们早就有了音乐舞蹈活动。青海大通县上孙家寨墓地出土的舞蹈纹陶盆,内壁画着三组舞人形象,每组五人,手拉着手跳舞,动作整齐协调,似乎边唱边舞,反映出新石器时代人们音乐文化生活的片段。山东潍坊市姚官庄出土的新石器时代晚期陶埙,有一吹孔,一按音孔,可发小三度音程的两个乐音。传说原始社会晚期我国已有较高水平的乐舞出现。黄帝时代有《云门》,唐尧时代有《咸池》,虞舜时代有《九韶》。

夏代音乐的代表性作品是作为宫廷乐舞的《大夏》,它以歌颂夏禹治水的业绩为内容,由九个段落组成,由八列头戴皮帽、下着白裙、裸露上身的演员表演。商代的音乐文化水平已发展到一个相当高的程度。这一时期出土的乐器种类相当丰富,有可发八个连续半音的陶埙、鼓、钟、磬、编钟、编磬、铃等。商代的代表性乐舞是相传为伊尹所作的《大濩》,其内容是歌颂商汤灭夏,开创商朝的功绩。

西周初年,自传说中黄帝以来的各代乐舞仍在流传。它们与周王朝制作的乐舞一起合称"六代舞",也称"六乐"。虽然我们今天已无从了解这些乐舞的具体情况,但根据孔子对《韶》乐的赞美来看,其水平显然已达到较高的程度。特别是夏、商两代乐舞,对于巩固统治阶级的统治起到了相当重要的作用。因此,历代乐舞,尤其是夏、商乐舞,无疑为周公"作乐"提供了可资借鉴的丰富经验。周公的音乐文化实践活动显然受到了过去时代的启迪,这是毋庸置疑的。

周公在周初的音乐文化发展中的主要贡献,表现在他亲自参与制作雅乐和确立礼乐制度两大方面。

一、制作《大武》以夸战功

周初雅乐数量众多,但影响最大者当推《大武》乐舞。

《大武》作者究竟是谁,历来都存在着争议。有人认为是武王所作,有人认为是周公所作,我们赞同后一说。《吕氏春秋·古乐》说:"武王即位,以六师伐殷,六师未至,以锐兵克之一牧野。归乃荐浮馘于京太室,乃命周公作《大武》。"这种说法是比较接近事实真相的。在《诗经》所保存下来的被认为是《大武》歌词之一的《昊天有成命》一诗中,有"成王不敢康"字样。在另一篇歌词《武》中,又有"于皇武王"一句。我们知道,成王在武王之后才有此称号,武王也不可能自夸为"皇"(美也)。很显然,武王不会是《大武》的作者,真正的作者是周公。

周公所作《大武》的曲谱早已失传,但有关《大武》的具体情况,通过《礼记·乐记》所记载的孔子与宾牟贾的对话,可以有一个大致的了解。

根据孔子的描述,我们所知道的这部乐舞的演出情况大致是这样的:前奏为长时间的鼓声,接着出现出兵时汇集众人的等待过程。随后是合唱队唱着盛大的赞美歌,然后表演伐殷战争的舞蹈。刚开始舞蹈行列不动,表示周王在等待前来作战的各路诸侯("久立于缀,以待诸侯之至也");接着是按照一定节拍表演激烈的车战;最后又在一种名为"铎"的行军金属打击器的有节奏的声音中分列前进,表现战争的胜利进行。表演中,舞蹈者变换着各种舞姿,合唱队以伴唱来叙述战争情节,并且乐舞的每一段终了,全体舞者都坐下来,以表示周朝统治的巩固。

《大武》的具体结构,据孔子所言有"六成"(即六段)。史学家王国维对此作过《周〈大武〉乐章考》(见《观堂集林》卷二),有助于我们对《大武》做深入的了解。

《大武》乐舞的第一段,据孔子所言名为"北"。此段舞列由南向北行进,表现周人由氾水渡河,向商都进发。其中有一个场面,叫作"揔干而山立"。"揔干"是持盾,"山立"是像山一样挺立。这应是周军在向商纣王的军队发起总攻之前,在牧野誓师时的情景。根据王国维的考证,这时合唱队唱起了《武宿夜》(即今《诗经·周颂·昊天有成命》):

> 昊天有成命,
> 二后受之。
> 成王不敢康,
> 夙夜基命宥密。
> 于缉熙,
> 单厥心,
> 肆其靖之。

据孔子所说,《大武》的第二段是"灭商",其内容是武王率领西周联盟军队灭商的经过。这时的舞姿为"发扬蹈厉",也就是表现将士们奋勇杀敌的情景。据王国维考证,这时合唱队所唱歌曲的歌词是今《诗经·周颂·武》:

> 于皇武王,
> 无竞维烈。
> 允文文王,
> 克开厥后。
> 嗣武受之,

> 胜殷遏刘，
>
> 耆定尔功。

《大武》的第三段据孔子所说为"南"，其内容是向南进军。这一段的歌词，据王国维考证，为今《诗经·周颂·酌》：

> 于铄王师，
>
> 遵养时晦。
>
> 时纯熙矣，
>
> 是用大介，
>
> 我龙受之。
>
> 蹻蹻王之造。
>
> 载用有嗣，
>
> 实维尔公，
>
> 允师。

《大武》的第四段据孔子所说是"南国是疆"，也就是重新划定南方诸分封国的疆界。据王国维考证，此时合唱队唱起了今《诗经·周颂·桓》：

> 绥万邦，
>
> 娄丰年。
>
> 天命匪解，
>
> 桓桓武王。
>
> 保有厥土，
>
> 于以四方，
>
> 克定厥家。
>
> 于昭于天，
>
> 皇以间之。

《大武》的第五段，据孔子所说是"周公左，召公右"。这应该是指周公还政于成王以后所出现的"自陕而东者，周公主之；自陕而西者，召公主之"(《公羊传》隐公五年),即"周、召二公分陕而治"的史实。据王国维考证,这时合唱队所唱歌词为今《诗经·周颂·赉》:

> 文王既勤止,
> 我应受之。
> 敷时绎思,
> 我徂维求定。
> 时周之命,
> 于绎思。

《大武》的第六段,据孔子所说是"复缀以崇天子",即全体演员回到最初的舞列,向天子表示最高的崇敬。据王国维考证,这时合唱队所唱歌词是今《诗经·周颂·般》:

> 于皇时周,
> 陟其高山。
> 嶞山乔岳,
> 允犹翕河。
> 敷天之下,
> 裒时之对,
> 时周之命。

《大武》一剧完整再现了周人灭商并使政权得以巩固的全过程。全剧六段情节不同,歌词的内容和格式也有变化,可以推断其舞姿和乐曲也有变化。其编排构思可谓独具匠心,可以想见周公所作的这出乐舞已远不是一出结构简单的普通小乐舞,而是一台相当复杂的歌舞剧了。

《大武》自周初创制到孔子之世,已历五百年之久。由于年代久远,其间可能会有不少变化,不复周初之原貌。不过,可以肯定地说,其根本特征应无变化。这是因为,在周代礼乐制度下,乐的表演是十分严肃的事情,一般人是不能任意改动的。作为宫廷乐舞之首的《大武》，更是不容人们擅自变动的，故而虽历经数百载也不会变得面目全非。

　　周公所作的炫耀武力的《大武》乐舞，并未获得后人的高度赞扬。据《左传》襄公二十九年记载，季札观赏《大武》之后只是作了一般性赞赏。他说："美哉！周之盛也，其若此乎?"然而，他在观赏了扬德的《韶》乐以后说道："德至矣哉！大矣，如天之无不帱也，如地之无不载也，虽甚盛德，其蔑以加于此矣。观止矣！若有他乐，吾不敢请已。"（《左传》襄公二十九年）可见，他对《韶》乐的评价已达到无以复加的地步。比之于对《大武》的评价，真可谓有天壤之别。

　　无独有偶。一生崇拜周公的孔子，也对《大武》乐舞和《韶》乐二者持同样的态度。《论语·八佾》说："子谓《韶》：'尽美矣，又尽善也。'谓《武》：'尽美矣，未尽善也。'"可见，在孔子心目中，《大武》的地位比之于《韶》要逊色得多。再加上有"子在齐闻《韶》，三月不知肉味，曰：'不图为乐之至于斯也'"（《论语·述而》）的记载，更可以感受到孔子对两种乐舞在喜好程度上的强烈反差。

　　尽管儒家学者并不十分欣赏《大武》，但这个宣扬周之武力的乐舞，成了后世宫廷雅乐中的保留节目。秦汉时期，《大武》还是宫廷雅乐的一个保留乐曲。不过，秦始皇二十六年（前221年）《大武》改名为《五行》。到三国时期，魏文帝黄初二年（221年）又恢复了原来的名称。《大武》流传到这一时期，已有一千二百年之久的演出历史，其艺术生命可谓空前绝后。不过，这时的《大武》可能已不复原来的面貌了。

　　周代的大型乐舞，除了《大武》以外，还有另一出以歌颂周公东征平版为内容的大型乐舞《象》（又称《三象》）。据《吕氏春秋·古氏》记载："成王立，殷民反，王命周公践伐之。商人服象，为虐东夷，周公遂以师逐之，至于江南；乃为《三象》，以嘉其德。"然而，有关《三象》的具体情况，因资料的缺乏，我们几乎是一无所知。

二、创作雅乐以导伦理

雅乐是指中国历代统治者用于宗教、政治、风俗的各种仪式典礼中的音乐舞蹈。周公"作乐"所创作的"乐",均可称之为雅乐。

雅乐的源头可以上溯到传说中黄帝时的《云门》、帝尧时的《咸池》、帝舜时的《韶》、夏代的《大夏》及商代的《护》等乐舞。它们在产生的时代虽尚未被称作雅乐,但已具有较明显的为统治者的政治统治服务的功能,因此,应该说它们已有后来被正式定为官方正统音乐舞蹈的雅乐的萌芽。由于周代时这些乐舞仍在流传,周公在制作雅乐时,就有意识地利用了这种音乐舞蹈形式,并且加以改造,从而形成了一种新的乐舞形式——雅乐。

周公制作的雅乐与先代乐舞的区别主要在于:先代并没有建立起较为严密的宗法制度,因而其乐舞不是为宗法制度服务的;周公的雅乐则是宗法制度的一个组成部分。

殷商时代,由于天命论的盛行,"殷人尊神,率民以事神,先鬼而后礼"(《礼记·表记》),他们频繁地举行祭祀和占卜活动,被认为能沟通人神关系的巫师则在这种活动中表演歌舞。这种乐舞的目的是娱神。它主要是为神而歌而舞,至于如何使人产生愉悦的情感这种审美功能反倒变得无关紧要了。

雅乐在周公的治国手段中,其地位仅其次于礼。所谓"礼乐刑政,四达而不悖,则王道备矣"(《礼记·乐记》),就说明了这一点。雅乐是作为礼乐制度一个不可或缺的方面而存在的。"礼"和"乐"是宗法制度中互为补充的两个方面,"大乐与天地同和,大礼与天地同节","乐者,天地之和也;礼者,天地之序也。和,故百物皆化;序,故群物皆别","王者功成作乐,治定制礼","乐者为同,礼者为异。同则相亲,异则相敬"(《礼记·乐记》)。这表明,"礼"与"乐"正好构成了性质相互矛盾、作用却又一致的统一体,二者有异曲同工之妙。礼的作用在于维护宗法等级的差异状态。然而,在宗族内部仅仅讲等级地位上的不平等显然是不够的。这就需要用一种有效手段来增强宗族内部的凝聚力和向心力,以抗拒随着年代久远血缘关系疏远而带来的离心力。周公很清醒地意识到了这一点。于是,他就有意识地利用了雅乐平和、柔缓的旋律,使人沉浸于愉悦、祥和的氛围之中,以消解亢奋、对立等不和谐情绪。因此,调和宗族内部与国家的人际关系是周公制作雅乐的真实意图。雅乐的利用,正好弥补了礼制的不足。

周公不仅仅是西周乐制的设计者和领导者,也是雅乐的创作者。由于雅乐古谱的失传和其他资料的缺乏,我们已无法考证他是否作过雅乐。但周公除了创作大型乐舞《大武》以外,还是多首雅乐歌词的采集者和几首歌词的作者。

今天我们所看到的《诗经》之诗,本来是用来配乐演唱的。宋人郑樵说,诗"为燕享祭祀之时用以歌",又说"乐以诗为本,诗以声为用"(《通志·乐略》)。今天,这些诗已无法再演唱出来了,但我们仍可以从中管窥出当时雅乐的部分面貌。

在《诗经》中,留下了几首周公所作的雅乐歌词。

据《吕氏春秋·古乐》的说法,《诗经·大雅·文王》一诗是周公写成的:"周文王处岐,诸侯去殷三淫而翼文王。散宜生曰'殷可伐也',文王弗许。周公旦乃作诗曰:'文王在上,于昭于天。周虽旧邦,其命维新',以绳文王之德。"(《吕氏春秋·仲夏纪》)这首歌共七章,每章八句,以歌颂文王"受命"建周为主题。有周一代,它被广泛地使用于祭祀、朝会或两君相见等重大活动之中,起到了周朝国歌的作用。因此《文王》一诗,在雅乐中扮演了极其重要的角色。诗中写道:

> 文王在上,
> 于昭于天。
> 周虽旧邦,
> 其命维新。

> 有周不显，
>
> 帝命不时。
>
> 文王陟降，
>
> 在帝左右。
>
> ……
>
> 命之不易，
>
> 无遏尔躬。
>
> 宣昭义问，
>
> 有虞殷自天。
>
> 上天之载，
>
> 无声无臭。
>
> 仪刑文王，
>
> 万邦作孚。

作为雅乐的歌词，《文王》不只是对周文王进行赞美，还表达了作者的许多基本观点。作者对天命论的怀疑，对殷商失败教训的总结，对德治的提倡和对后世统治者的期望，都鲜明地表达出来了。通过雅乐的反复演唱，周公的治国之道就世世代代流传下来，并被后世君主和诸侯们所铭记。

据传说，《诗经·周颂·清庙》一诗也是周公在洛邑居摄五年时所作。该诗是祭祀文王于清庙时所唱。全诗共一章八句。

诗中写道：

> 于穆清庙，
>
> 肃雝显相。
>
> 济济多士，
>
> 秉文之德。
>
> 对越在天，
>
> 骏奔走在庙。

> 不显不承,
>
> 无射于人斯。

《诗经·豳风·七月》一诗,是一首共八章、每章十一句的长篇诗歌。《毛诗序》说《七月》是"陈王业也。周公遭变故,陈后稷先公风化之所由,致王业之艰难也"。但是,周公作《七月》的说法已为不少当代学者所否定。其理由是,"周公地位显赫,没有可能亲耕陇亩,因而也就写不出这种真切的诗来"①。这种说法不能说毫无道理,但我们也有足够的证据推断出周公完全可能是《七月》的作者。其一,周公在《尚书·无逸》中,要求成王"先知稼穑之艰难",这与《七月》中的思想倾向是完全一致的。其二,周公在上述这篇诰词中还说"文王卑服,即康功田功",即文王是亲自参加过劳动的,其生活也艰苦朴素。周公年少时,周族尚未夺得天下,他跟随其父文王一起参加过生产劳动是完全可能的,怎么能够武断地说他不可能参与生产劳动呢?

诗中唱道:

> 七月流火,
>
> 九月授衣。
>
> 一之日觱发,
>
> 二之日栗烈。
>
> 无衣无褐,
>
> 何以卒岁。
>
> 三之日于耜,
>
> 四之日举趾。
>
> 同我妇子,
>
> 馌彼南亩,
>
> 田畯至喜。

---

① 褚斌杰等主编:《诗经》,见《中国古代佚名哲学名著评述》,第一卷,齐鲁书社 1985 年版,第 291 页。

……

二之日凿冰冲冲,

三之日纳于凌阴。

四之日其蚤,

献羔祭韭。

九月肃霜,

十月涤场。

朋酒斯飨,

曰杀羔羊。

跻彼公堂,

称彼兕觥,

万寿无疆。

　　从全诗的内容来看,它不仅描绘了稼穑的艰辛,也抒发了爱情的甜蜜;它不仅写人们的劳动过程,也写人们的娱乐和消费。因此,它是一部描写周初社会生活的史诗。

　　据《吕氏春秋·音初》记载:"周公及召公取风焉,以为《周南》《召南》。"周公旦和召公奭分陕而治,周南自陕县以东(今河南陕州区)为周公所管理的南国地方,具体包括河南西南部及湖北西北部一带。采自这些地方的诗,统名为《周南》。周代诸侯有从其封地"采风"以献天子的义务。朱熹说:"风者,民俗歌谣之诗也。……是以诸侯采之以贡于天子,天子受之而列于乐官,于以考其俗尚之美恶,而知其政治之得失焉。"因此,《周南》的部分诗歌正是周公在"分陕而治"之后对当地民间歌谣进行收集、整理后的产物。

　　在《周南》诸诗中,《关雎》和《麟之趾》两诗备受后世学者关注。《毛诗序》中说:"《关雎》《麟趾》之化,王者之风,故系之周公。"很显然,儒家学者把《关雎》和《麟之趾》作为周公亲自采集、整理而成的,最能体现周公的德治教化的歌谣。

尤其是《关雎》一诗,由于被列为《诗经》开篇第一首,长期被视为诗之楷模。诗中唱道:

> 关关雎鸠,
> 在河之洲。
> 窈窕淑女,
> 君子好逑。
>
> 参差荇菜,
> 左右流之。
> 窈窕淑女,
> 寤寐求之。
>
> 求之不得,
> 寤寐思服。
> 悠哉悠哉,
> 辗转反侧。
> ……

该诗既写了青年男女之间的两情相悦,又合乎伦理规范的要求,因此博得了儒家学派的赞赏。孔子说:"《关雎》乐而不淫,哀而不伤。"(《论语·八佾》)《毛诗序》说:"是以《关雎》乐得淑女,以配君子,爱在进贤,不淫其色;哀窈窕,思贤才,而无伤善之心焉。是以《关雎》之义也。"虽然在这首诗的作者问题上历来存在着极大的争议,但这并不妨碍它对后世雅乐和诗在发展方向上的导向作用。

有周一代,用于雅乐演唱的歌词极多。司马迁说周代诗多达三千余首。这种说法可能不符合事实,但也不能说完全没有道理。有关孔子删《诗》的传说是完全有可能的。即令如此,《诗经》为我们所保留下来的用于雅乐的歌词仍达三百余首。其中,形成于周公时代的部分只占极小比例,绝大部分都是后来逐渐形成的。由此可见,周代雅乐可谓盛极一时。

雅乐的出现,对中国古代音乐文化的发展产生了极其重要的影响:

首先,它导致了雅乐与俗乐两种音乐艺术形式的对立。雅乐一开始就是以官方正统音乐的面貌出现的,并且始终得到历代统治者的大力维护。雅乐的音调一般是平和、严肃而缓慢的。而俗乐则是民间的音乐,如"郑卫之音"。俗乐在多数情况下一般是遭排斥的。比如,孔子就主张"乐则《韶》《舞》,放郑声,远佞人。郑声淫,佞人殆"(《论语·卫灵公》)。从表演形式上说,"郑声淫"就是指它在音调上超出了五声音,"淫则昏乱"(《左传》昭公二十五年)。在音调上是否合乎传统的规定,这也是区别雅乐与俗乐的一个重要特征。按照儒家"中庸之道"的观念,雅乐在形式上是守中的,而俗乐则太过,显然不符合中庸的要求。

其次,它导致了中国音乐文化在内容上美与善的结合。从孔子对同属雅乐的《韶》乐与《大武》的不同评价就可以明白,儒家倡导的是艺术的美与道德的善的直接统一。孔子对《诗经》是从道德上加以称赞的,"《诗》三百,一言以蔽之,曰:'思无邪'"(《论语·为政》)。荀子也是从道德上谴责"郑卫之音"的,"郑卫之音使人之心淫"(《荀子·乐论篇》)。俗乐以一种轻快、活泼的音调表现爱情,这种不为礼所拘的自由奔放的情感,自然是统治阶级的正统伦理道德规范所不容许的,故而称之为"淫"。同时,俗乐由于情感体现得真切缠绵,音调婉转而十分感人,往往引起人们过度的悲伤,这也会引起统治者的反对,认为它不利于宗族、国家内部的团结。因而俗乐在内容上不符合美与善相结合的原则,是遭到反对的对象。美善同源于是成为中国音乐文化的主流。

三、规范礼乐以系宗法

在周公所制定的礼乐制度中,乐制与礼制是对应的。在严格规范的各种礼仪中,同时也包含了在各种不同仪式中有关乐舞的使用的具体规定。事实上,所谓"礼仪"也就是礼乐的综合体。由于乐舞已成为周代社会生活的一部分,因而音乐舞蹈的教育成为贵族子弟们的必修功课,"乐"与"诗""书""礼"并称"四术"。

西周乐制中最为重要的一环就是建立了集音乐行政、音乐教育和音乐演出于一身的中央音乐机构——大司乐,它是一个职能复杂、部门众多、规模庞大的实体。据《周礼·春官·大司乐》记载,这个机构共设置了包括大司乐(官名)、乐师、大胥、小胥、大师、小师、典同、磬师、钟师、笙师、视瞭等共二十余个不同等级、职称的一千四百六十三人的乐官、乐师、舞师和职员、工役,除了这些有定额的人员以外,还有为数众多的无定额人员。

周代乐制是与礼制严密地结合在一起的。在礼乐制度中,对于各种礼仪中乐的使用是按不同的等级分别加以严格限定的。

在所使用的乐器数量上,就有与宗法等级相对应的规定。如钟、磬类编悬乐器,就有"王宫悬,诸侯轩悬、卿大夫判悬、士特悬"(《周礼·春官·大司乐》)的规定,即王有四面,诸侯三面,卿大夫两面,士一面。

在乐队演出的规模上,也有与宗法等级相对应的具体规定。如舞队的行列有"天子用八,诸侯用六,大夫用四,士二"(《左传》隐公五年)的规定,即分别用八佾、六佾、四佾和二佾。每佾即一个由八人组成的行列。

在乐舞曲目的应用上,也有与宗法等级相对应的明确规定。《周礼·春官》有"凡射,王以《驺虞》为节,诸侯以《狸首》为节,大夫以《采蘋》为节,士以《采蘩》为节"的规定。又如,《雍》只用于天子祭祀时撤除祭品之时,《三夏》是"天子享元侯之乐",《文王》是"两君相见之乐"(《左传》襄公四年)等。

根据周代礼乐制度的要求,重大礼仪场合所演奏的曲目往往既多且繁,过程相当漫长。以燕礼为例,《仪礼·燕礼》对乐的规定就多达四五百字。在这些规定中所提到的需演奏的曲目多达十九个:"工歌《鹿鸣》《四牡》《皇皇者华》","奏《南陔》《白华》《华黍》","乃间歌《鱼丽》,笙《由庚》。歌《南有嘉鱼》,笙《崇丘》。歌《南山有台》,笙《由仪》。遂歌乡乐:《周南·关雎》《周南·葛覃》《周南·卷耳》,《召南·鹊巢》《召南·采蘩》《召南·采蘋》",宴终之前还要"奏《陔》"。"乐"在周代礼仪中的重要性及其规定的严格性由此可见一斑。

周代乐制的规定和礼制的规定一样,是具有强制性的。它要求任何人都必须严格遵守,不得有丝毫违反。如果违反便是"僭越",或者"非礼",就要遭到惩罚或谴责。

有周一代,这种服务于礼制的雅乐先后兴盛了四百年。通过严格的乐制,这种乐舞持续不断地向人民赞颂统治者的盛德,灌输宗法伦理思想,不断强化人们对宗族和国家的归属感,在客观上的确起到了维系宗法制度的作用。

雅乐的演出规模宏大,演出过程相当程式化,确能给人以一种古朴、庄严和宏伟之感。但是,它的旋律和歌词是为特定的礼节服务的,因而其气氛沉闷、神秘而呆板,又给人以沉重和压抑之感。因此,进入春秋战国以后,就出现了乐制遭到破坏的情况。一方面,不少诸侯厌烦雅乐而喜爱俗乐。如《乐记》所载:"魏文侯问子夏曰:吾端冕而听古乐,则唯恐卧;听郑、卫之音,则不知倦。敢问古乐之如彼,何也?新乐之如此,何也?"这使孔子发出了"礼崩乐坏"的感叹。俗乐纷纷进入宫廷。如齐宣王喜好"世俗之乐",秦国宫廷出现"郑卫桑间"之乐,等等。另一方面,诸侯、大夫们不遵守礼乐制度的规定,僭越宗法等级,大夫窃用天子用的乐歌,诸侯动用天子的乐队规模,公然"八佾舞于廷",雅乐地位动摇。

儒家创始人孔子对乐制遭到破坏的现状十分不满。他愤怒地说:"恶紫色之夺朱也! 恶郑声之乱雅乐也! 恶利口之覆邦家者!"(《论语·阳货》)因此,当他于六十九岁高龄自卫返鲁以后,就着手"正乐",使"雅、颂各得其所"(《论语·子罕》),以图挽救雅乐的至尊地位。然而,历史发展的轨迹是不依人的主观意志为转移的。宗周乐制本是为礼制服务的,现在,礼制崩溃了,乐制也自然是难以为继了。随着宗法等级制的崩溃,雅乐也就失去其存在的社会基础。虽然后来自汉起直至清代,雅乐几乎一直在历代宫廷音乐中留有一席之地,但它不过只是些满足人们复古嗜好的古董,徒具形式罢了。

自魏晋南北朝起,由于长期战乱和玄学的影响,中国传统音乐文化发生了重大转折。随着晋王室南迁,原来流行于北方的相和歌与南方的吴歌和西曲相结合,形成了一种新的音乐形态——清商乐。其曲调清越,抒情性强,绝大部分作品都以爱情为题材,较少触及政治问题。清商曲一反雅乐的沉闷呆板,以其自然美一时成为音乐文化之主流。其后流行的隋唐燕乐、宋元南北曲等,都是盛极一时的俗乐。在历代宫廷音乐中,重俗轻雅已呈必然之势。

第八章 周公的神秘策略
——龟卜与占筮

　　在中国古代社会漫长的岁月中,龟卜、筮占和梦占等活动曾盛行一时,有的至今仍未绝迹。现代社会的人们一般都把这些活动称之为迷信。人们更倾向于用"神秘文化"来称谓它们,这显得更为客观一点,因而我们采纳了此种称谓。在现代学术研究中,这类问题是难登大雅之堂的,因而一般论者也很少研究周公与神秘文化的关系问题。由于神秘文化在中国民间长盛不衰的影响,在普通百姓那里,周公首先是因为在神秘文化方面的传说(如"周公解梦")而达到家喻户晓的程度。现实的情况促使我们不得不探讨周公与神秘文化的关系问题,以恢复他真实、完整的面目。

一、周公与龟卜

　　龟卜,就是通过烧灼龟甲而使之产生裂纹,并把这种裂纹作为兆象来分析、判断未来吉凶的一种占卜方法。龟卜在先秦时期是十分流行的占卜方法。古代先民之所以选择龟甲作为占卜之物,这与他们的神秘观念有关。在古人看来,龟是有灵性的动物,它正好可以作为沟通人神关系的占卜物。而且龟长寿,作为饱经沧桑的长者,它可以给人指点迷津,正所谓"必问吉凶于龟者,以其历岁久也"(《淮南子·说林训》)。

　　在天命论盛行的殷商时代,龟卜正好满足了商代统治阶级沟通人神关系、判断凶吉和确定治国方案的需要。在《尚书·洪范》中,商纣王之叔父箕子向周武王陈述商王朝治国方略时谈道:"稽疑:择建立卜筮人,乃命卜筮:曰雨,曰霁,曰蒙,曰驿,曰克,曰贞,曰悔,凡七,卜五,占用二,衍忒。"这表明,商代统治集团在遇到疑难时,总是把龟卜作为决策的重要依据。箕子还说:"龟筮共违于人,用静吉,用作凶。"意思是说,如果龟卜和筮占结果都与人的意志相违,那么,服从卜筮的结果就吉利,不服从而妄作就凶险。商人龟卜次数甚多,一个重大事件往往需占卜数次,最多时竟达十八次。在河南安阳的殷墟所发掘的十多万片龟甲,就是商代统治者频繁使用龟卜的直接物证。

周初,在巩固周王朝江山及自身政治地位的斗争中,周公曾数次在紧急关头使用龟卜。由于这些事件在前面第二、三章中已经谈到过,这里仅略做一些分析。

周公首次使用龟卜是在周灭商的第二年。当时武王患病不愈,太公与召公希望为武王的疾病占卜。周公这时把占卜之权夺过来,亲自为武王的疾病进行龟卜。在龟卜之时,他又举行隆重的仪式,并且不是简单地卜问吉凶,而是别出心裁,祷告先王,如果同意他自己代武王去死,就在龟甲上显示吉兆;如果不同意,就显示凶兆。结果得到吉兆。周公把这一结果放于金滕之柜中。虽然第二天武王的身体暂时出现好转,但不久还是去世了。在这一事件中,周公的占卜动机历来受到人们的诸多怀疑和指责。有不少学者指出,这次龟卜是周公与太公、召公争权夺利所使用的一个伎俩,此举意在取宠于武王,为自己增添政治筹码。这种推测不无道理。不过,周公的真实动机到底是真心代武王而死,还是欺骗世人捞取政治资本,这已是一个无关紧要的问题。重要的是,它表明周公在重大问题的决策上是主张使用龟卜这个工具的。

周公再一次使用龟卜是在准备东征平叛的关键时刻。在动员人们参加东征的《大诰》中,充满着"卜"字:"我有大事,休? 朕卜并吉","肆予告我友邦君,越尹氏、庶士、御事,曰:予得吉卜","王害不违卜"

"宁王惟卜,用克绥受兹命","矧亦惟卜用","予曷其极卜敢弗于从",
"矧今卜并吉","卜陈惟若兹"。可以说,龟卜是贯穿于此诰始终的话
题。处于生死存亡关头,周公唯恐人们不服从他的号令,一再强调龟
卜的结果是吉兆,卜兆不可违,意在强迫人们无条件地把自己的东征
平叛计划作为天命来接受。在天命论仍然颇具影响力的周初,周公的
这番鼓动是十分有效的,它很快就统一了人们的思想,获得了积极的
支持,从而为平叛活动的进行赢得了时间,取得了战略上的主动,打下
了获胜的基础。

周公在重大事件的决策上第三次使用龟卜是在营建成周之时。
据《尚书·洛诰》的记载,营建成周之前,周公在黄河以北的黎水占卜,
得到的是不吉之兆;又在涧水以东、瀍水以西占卜,得到的都是吉兆。
他把这一结果报告成王,得到了成王的赞许。周公数次龟卜,表明他
在此事上是煞费苦心、慎之又慎的。周公如此用卜,一方面显示了他
在重大决策上必以占卜结果为据的一贯作风,另一方面更是针对殷遗
民的心理特点所下的一招妙棋。营建成周的主要目的在于治东土,治
理殷遗民。由于殷人重迷信和龟卜,周公利用龟卜的目的也在于投合
殷遗民的心理习惯,假天命而令其迁居成周。从后来所发生的情况来
看,这是一次极为成功的政治行动。营成周、治殷顽最终都顺利地实
现了既定的目标。

周公利用龟卜从事政治活动,在中华民族文明程度尚低的时代,
是一件十分自然的事情。它反映了周人虽对天命有所怀疑,但仍未能
彻底予以否定的一种矛盾心态。有的学者把周人对龟卜的利用仅仅
归结为一种政治权术,这是有失偏颇的。它无形中抬高了周公的思想
水平。虽然周公重视人力,但仍不敢轻易否定天命,这在第二章已有
分析,不必赘述。所以周公的龟卜活动,在客观上固然是一种欺骗手
段,但在主观意图上则不排除他本人的虔诚因素。

二、周公与《周易》占筮

《周易》既是我国历史上最古老的典籍之一,也是争议最多的先秦文献之一。《周易》一书分《易经》《易传》两部分。其中,《易经》的作者究竟是谁,素来是一个争论的焦点。较早的有代表性的观点是司马迁的"伏羲、文王说","自伏羲作八卦,周文王演三百八十四爻,而天下治"(《史记·日者列传》)。这种观点遭到东汉经学家马融、陆绩的反对。他们认为,爻辞里有些事件出现在文王之后,文王不可能预先知道这些事件并且将其作为写作爻辞的材料。因此,他们的结论是:文王只写成卦辞,没有写出爻辞。其证据主要有:在升卦六四爻辞中,有"王用亨(享)于岐山"之句,"王"一般认为是指文王,但文王在世时尚未灭商,只被追称为王。况且即使早已称王,也不能以"王"自称。在明夷六五爻辞中,有"箕子之明夷"。这是指箕子为商纣王所囚禁,并且罚做奴隶。因为"明夷"是说光辉的品德受到损害。但此事发生在文王去世以后,文王不可能事先运用之。这些证据是相当有说服力的。马融等人认为爻辞是周公所作。他们的证据主要是《左传·昭公二年》中所记载的"晋侯使韩宣子来聘……观书于大史氏,见《易象》与《鲁春秋》,曰:'周礼尽在鲁矣。吾乃今知周公之德,与周之所以王也。'"这段故事。他们把"易象"与"周公之德"相联系,认为这就是爻辞作于周公的充足理由。"爻辞作于周公说",得到了后世学者的普遍赞同。后来《易乾凿度》说:"孔子五十究《易》作十翼,师于姬昌,法旦。"王应麟《困学纪闻》引《京氏易积算法》说:"夫子曰:'圣理元微,《易》道难究,迄乎西伯父子,研理变通,上下囊括,推爻考象。"他们一再肯定周公作爻辞的观点。

今人对《周易》作者的研究,以郭沫若的观点最具代表性。在《周易之制作时代》一文中,他对传统的观点进行了大胆的否定。其主要理由是:司马迁在《史记·周本纪》中说:"西伯囚羑里,盖益易之八卦为六十四卦。"一个"盖"字,可见是推测之辞。文王不过是一位半开化氏族的酋长,他自己还在看牛放马,种田打谷,这样的人能写出《周易》,难以令人信从。在《君奭》中虽有"若卜筮,罔不是孚",可是这个"筮"并没有与《周易》联系起来。《大诰》中有周公所说"宁王惟卜用"和"宁王遗我大宝龟"等,但没有提到文王占筮。郭氏的观点,虽不是全然没有道理,但也缺乏足够的说服力。比如,仅凭"盖"有推测之意就认为司马迁的说法不可靠,其证据还稍显牵强;断言《君奭》中"卜筮"之"筮"与《周易》无联系,也有武断之嫌。

我们认为,《易经》的爻辞为周公所作的传统观点不是全然没有道理的。要弄清这一问题,首先必须搞清《周易》一书的性质。

关于《周易》一书的性质,历来就存在颇多争议。比较多的论者认为它是一部占筮之书,但也有人认为它是一部哲学著作,还有人认为它就是一部史书(王阳明、章学诚等皆持此说)。

我们认为,关于《周易》是占筮之书的传统观点是符合该书本来面目的正确论断。理由有如下两点:其一,《周礼·春官》中就有"筮人:掌三易以辨九筮之名,一曰《连山》,二曰《归藏》,三曰《周易》"的记载。这说明《周易》本来就是占筮之书。其二,在秦始皇的"焚书坑儒"运动中,丞相李斯明令"所不去者,医药、卜筮、种树之书",而《周易》正是平安地度过焚书劫难的极少数先秦文献典籍之一。刘韵说:"汉初,天下惟有易卜,未有他书。《易》以卜筮故,遭秦火而全,故今古文经本无大差异也。"可见,《周易》原本就是作为占筮之书而流传于世的。至于其中的辩证法因素和史料价值等,只不过是其副产物而已。

如前所述,占卜机构是周公所制定的礼乐制度的一个组成部分。作为该机构最高官员的太卜,其基本职责之一就是"掌三易之法,一曰

《连山》，二曰《归藏》，三曰《周易》"。可见，《周易》被冠以"周"之名，必为周人所创。不管《连山》《归藏》两部《易经》是否存在过，都不能否定周人在《易经》上的创新这一事实。《周易》不可能是商代就有的，即令商代有过《归藏》一类《易经》，周人也做了相当大的变动，从而使两者具有本质的区别。同时，在周代礼乐制度下，占筮活动本是一件十分严肃、神圣的事情，因而占筮法的制作不可能为无名小卒所妄为。因此，周公在制礼作乐的过程中，亲自主持整理、编定《周易》爻辞乃至卦辞是完全可能的。这就是我们没有轻易否定传统旧说的理由。

在周代筮占中，虽有《连山》《归藏》之名，但仅有《周易》占法流传下来。这说明，《周易》才是占筮诸法中最受重视的一种，唯其如此，它才免遭淘汰之厄运。在周代的占卜机构中，设置了一个筮占组，其组成情况为："筮人：中士二人。府一人，史二人，徒四人"（《周礼·春官·宗伯》），共九人。筮占组织规模虽小，但在重大活动中常常扮演着非常重要的角色。在周代文献中，往往是卜筮并提。《尚书·君奭》中说："若卜筮，罔不是孚。"《诗经·卫风·氓》中唱道："尔卜尔筮，体无咎言。"据《左传》记载，春秋时晋献公欲娶伯姬，龟告凶，筮告吉，献公于是喜欢筮占。当他欲把女儿嫁给秦伯时，就直接弃卜而用筮。这些都表明，筮占在周代十分流行。秦代不事龟卜，《周易》的筮占术却在民间很流行。西汉初年，由于先秦典籍唯《周易》尚存，易占继续流行。到西汉末年，王莽既重龟卜，也重筮占。魏晋以后，占筮者逐渐不再严格遵守《周易》的规定，在占具和占法上都有了改变。"火珠林"占法以抛掷钱币代替使用蓍草，更新了原有的占具和占法。而宋以后的"梅花易数"，则完全抛开占具，把一切条件数字化，再用"卦以八除，爻以六除"的起卦原则来演出具体的卦名。由于后世易占者们对《周易》占筮法的改造，因此它在中国封建社会后期仍然十分活

跃,成为中国民间颇有影响的一种神秘文化现象。直到今天,仍有不
少人打着研究《周易》的旗号,行迷信之实。由此可见,《周易》对中国
文化的影响是十分奇特的。故相传为《周易》作者的周公,在芸芸众生
中自然也具有了几分神秘感。

三、周公与梦占

梦占,又称占梦、解梦,它是根据梦象预测吉凶祸福或对梦兆做出
合理解释的行为。

做梦是人处于睡眠状态下的一种特殊心理体验。但在古代社会,
由于认识水平的局限,梦境被古人视为人神之间或人鬼之间交流的产
物。并且梦境乃人的亲身体验,比之于龟、蓍等身外之物,与人的关系
更为紧密,因而对于人有一种特殊意义。再者,梦境是任何人在睡眠
状态中随时都可能产生的,因而人们急于知晓梦兆,梦占也就使用得
极为频繁。

从殷代甲骨卜辞中,我们可以找到当时梦占极为普遍的证据。如
"壬午卜,王曰贞,又梦","丁未卜,王贞多鬼梦","庚辰卜,贞多鬼梦,
不至田"等。

周代对梦占也是十分重视的。据《周礼·春官》记载,在周王朝的
占卜机构中,梦占也占据着一个相当重要的位置。首先,作为占卜机
构最高官员的太卜,其重要职责之一,就是"掌三梦之法:一曰《致
梦》,二曰《觭梦》,三曰《咸陟》"。其次,在占卜机构中还设置了一个
占梦组织,"占梦:中士二人。府一人,史二人,徒四人"。虽该组织仅
有九名定额人员,地位也不及龟卜组织高,但也担负着极其重要的职
责,"掌其岁时,观天地之会,辨阴阳之气,以日月星辰占六梦之吉凶"。
此六梦"一曰正梦,二曰噩梦,三曰思梦,四曰寤梦,五曰喜梦,六曰惧
梦"。占梦人员虽少,但任务不少,"季冬聘王梦,献吉梦于王,王拜而

受之。乃舍萌于四方，以赠恶梦，遂令始难驱梦"。

以上记载表明周代梦占不仅活动频繁，而且已形成了系统、完备的理论。周公"制礼作乐"时，完全有可能主持收集、整理前代的梦占理论，从而形成周人自己的梦占理论。也许已失传的《致梦》《觭梦》《咸陟》等梦占典籍就与周公有关。这可能就是中国古代社会一直流传的"周公解梦"传说的来源。

我们认为，中国古代社会不断把周公伪托为《解梦书》作者的现象，本身就是一个值得研究的现象。尽管我们所能见到的《周公解梦书》之类的著作都不是周公所作，但并不能由此得出周公与梦占完全无关的结论。如前所述，周公完全可能在"制礼作乐"时亲自主持完善梦占理论。同时，我们应该估计到，即使历史上曾经有过这类为周公所作的书籍，因种种原因，在后来的岁月中失传也是完全可能的。其一，春秋战国时期，群雄争霸，周室衰微，战乱持续五个世纪，不少典籍因此毁于战火，梦占典籍也可能由此失传。其二，儒家创始人孔子是一个"不语怪、力、乱、神"的人物，因此，他在美化周公的圣贤形象时，出于为贤者讳的动机，删掉周公的这类文献，使之不能作为圣贤的正式言论而流传于世，这也不是没有可能的。其三，秦始皇焚书，大量先秦文献被付诸一炬，从而形成了先秦文化的大量空白点。虽然卜筮之书不在禁书之列，梦占书却没有此等幸运。因此，与周公有关的梦占著作，也可能毁于此次焚书事件。

假若《周公解梦书》为三国时所作之说成立，则此书离秦始皇焚书事件约隔五百年，此时民间对先秦故事应该还有较广泛的流传。《解梦书》的作者把著作权"让"于周公，书商以此书牟取大利，这也反映出当时民间可能还盛行"周公解梦"的传说。不然，作者就完全没有必要将此书署为周公所作了。

综上所述，周公作为他所处时代最伟大的思想家，也不可避免地打上了时代的烙印。对于周公思想中的这些原始迷信观念,我们应该采取实事求是的态度加以剖析,既不应苛求于他,也不应曲意美化之。由于周公受到时代局限,仍保留了不少鬼神迷信一类神秘观念,因此在他的思想体系中必然也存在着与之相应的消极因素。弄清这一点,对于我们正确评价周公在哲学、伦理、政治、法律等方面的思想内容,是完全必要的。因此,我们完全没有必要,也不应回避有关周公与神秘文化关系的重要史实。

参考文献

1. 王世舜译注．尚书译注．成都：四川人民出版社，1982。

2. 周秉钧译注．白话尚书．长沙：岳麓书社，1990。

3. 黄怀信等．逸周书汇校集注．上海：上海古籍出版社，1995。

4. 司马迁．史记．长沙：岳麓书社，1988。

5. 司马光．资治通鉴．郑州：中州古籍出版社，1994。

6. 左传．长沙：岳麓书社，1988。

7. 周礼·仪礼·礼记．长沙：岳麓书社，1989。

8. 杨任之译注．诗经今译今注．天津：天津古籍出版社，1986。

9. 二十五史精华．长沙：岳麓书社，1989。

10. 杨伯峻译注．论语译注．北京：中华书局，1980。

11. 杨伯峻译．白话四书．长沙：岳麓书社，1989。

12. 金景芳著．中国奴隶社会史．上海：上海人民出版社，1983。

13. 金景芳著．论井田制度．济南：齐鲁书社，1982。

14. 郭沫若著．奴隶制时代．北京：人民出版社，1951。

15. 郭沫若著．青铜时代．上海：上海新文艺出版社，1952。

16. 西周史研究．人文杂志丛刊．第二辑，1984。

17. 王宇信著．西周史话．北京：中国青年出版社，1982。

18. 詹子庆编．先秦史．沈阳：辽宁人民出版社，1984。

19. 赵光贤著．周代社会辨析．北京：人民出版社，1980。

20. 李亚农著．李亚农史论集(下)．上海：上海人民出版社，1978。

21. 杨向奎著．宗周社会与礼乐文明．北京：人民出版社，1992。

22. 黎虎著．夏商周史话．北京：北京出版社，1984。

23. 顾颉刚著．周公执政称王．文史．总第 23 辑。

24. 顾颉刚著．滥及东方诸国的反周军事行动和周公的对策．文史．总第 26 辑。

25. 顾颉刚著．周公东征和东方各族的迁徙．文史．总第 27 辑。

26. 顾颉刚著．奄和蒲姑的南迁．文史．总第 31 辑。

27. 顾颉刚著．武王的死及其年岁和纪元．文史．总第 18 辑。

28. 杨善群著．周公东征时间和路线考察．中国史研究．1988(3)。

29. 刘起釪著．由周初诸〈诰〉的作者论"周公称王"的问题．人文杂志．1983(3)。

30. 中国大百科全书·哲学卷．北京:中国大百科全书出版社,1987。

31. 中国大百科全书·政治学卷．北京:中国大百科全书出版社,1992。

32. 中国大百科全书·法学卷．北京:中国大百科全书出版社,1984。

33. 中国大百科全书·音乐舞蹈卷．北京:中国大百科全书出版社,1989。

34. 中国古代佚名哲学名著述评．第一卷、第二卷．济南:齐鲁书社,1985。

35. 冯友兰著．中国哲学史新编．第一卷．北京:人民出版社,1982。

36. 陈来著．古代宗教与伦理——儒家思想的根源．上海:三联书店,1996。

37. 徐大同等编．中国古代政治思想史．长春:吉林人民出版社,1981。

38. 朱日耀主编．中国政治思想史．北京:高等教育出版社,1992。

39. 钱大君主编．中国法制史教程．南京:南京大学出版社,1987。

40. 张晋藩主编．中国法律史．北京:法律出版社,1995。

41. 杨鹤皋主编．中国法律思想史．北京:北京大学出版社,1988。

42. 李泽厚,刘纲纪主编．中国美学史．第一卷．北京:中国社会科学出版社,1984。

43. 北京大学哲学系美学教研室编．中国美学史资料选编．北京：中华书局,1980。

44. 于民著．春秋前审美观念的发展．北京：中华书局,1984。

45. 阴法鲁,许树安主编．中国古代文化史．第二册．北京：北京大学出版社,1991。

46. 唐得阳主编．中国文化的源流．济南：山东人民出版社,1993。

47. 辛向阳著．大国诸侯：中国中央与地方之结．北京：中国社会出版社,1995。

48. 施宣圖等编．中国文化之迹．第二辑.1987。

49. 宋祚胤著．周易新论．长沙：湖南教育出版社,1982。

50. 刘玉廷著．中国古代龟卜文化．南宁：广西师范大学出版社,1992。

51. 卢元勋等编．古代占梦术注评．北京：北京师范大学出版社,1992。

52. 金良年主编．中国神秘文化百科知识．上海：上海文化出版社,1994。

53. 班固．汉书．郑州：中州古籍出版社,1996。

54. 彭林著.〈周礼〉主体思想与成书年代研究．北京：中国社会科学出版社,1991。

55. 任继愈著．中国哲学发展史．北京：人民出版社,1983。

56. 钱杭著．周代宗法制度史研究．北京：学林出版社,1991。

57. 张立文著．中国哲学范畴发展史．北京：中国人民大学出版社,1988。